高等职业教育汽车类专业活页式新形态创新教材

大学生职业生涯规划

（汽车类专业通用）

主　编：任源梅（深圳职业技术学院）
　　　　吴　杨（比亚迪股份有限公司）
副主编：周　睿（深圳职业技术学院）
　　　　袁　倩（深圳职业技术学院）
　　　　熊　敏（比亚迪股份有限公司）
参　编：王　威（深圳职业技术学院）
　　　　成博闻（深圳职业技术学院）
　　　　张　俐（比亚迪股份有限公司）

U0401021

近年来，我国职业教育取得长足发展，在人才培养过程中注重校企合作，加强对人才出口把关，符合提高职业教育毕业生就业能力的要求。本书采用校企合作编写的方式，将深圳职业技术学院的教学经验和比亚迪股份有限公司的标志性案例融入教材，切实指导大学生，特别是汽车类专业的高职大学生，进行职业生涯规划。

本书按照系统职业生涯规划法理念编写，在编排上以模块和任务的方式展开，采用活页式设计，方便教学；在内容上以项目式和图表式呈现，可读性强。每个任务配套拓展阅读和活动方案，操作性强。

本书适用于高校特别是职业院校大学生职业生涯规划和就业指导课程，同时也可用作汽车类企业在职员工学历提升班和社会精英培训班教材。

图书在版编目（CIP）数据

大学生职业生涯规划：汽车类专业通用 / 任源梅，吴杨主编. —北京：机械工业出版社，2022.12

高等职业教育汽车类专业活页式新形态创新教材

ISBN 978-7-111-72130-7

Ⅰ.①大… Ⅱ.①任…②吴… Ⅲ.①大学生 – 职业选择 – 高等职业教育 – 教材 Ⅳ.①G717.38

中国版本图书馆CIP数据核字（2022）第224040号

机械工业出版社（北京市百万庄大街22号　邮政编码100037）
策划编辑：邢　琛　　　　　责任编辑：李　军
责任校对：张爱妮　王　延　责任印制：单爱军
北京虎彩文化传播有限公司印刷
2023年2月第1版第1次印刷
184mm×260mm・8.5印张・192千字
标准书号：ISBN 978-7-111-72130-7
定价：49.90元

电话服务　　　　　　　　网络服务
客服电话：010-88361066　机　工　官　网：www.cmpbook.com
　　　　　010-88379833　机　工　官　博：weibo.com/cmp1952
　　　　　010-68326294　金　书　网：www.golden-book.com
封底无防伪标均为盗版　　机工教育服务网：www.cmpedu.com

前　言

2021年8月23日，国务院印发的《"十四五"就业促进规划》指出，就业是最大的民生，也是经济发展最基本的支撑。"十四五"时期，实现更加充分更高质量就业，是推动高质量发展、全面建设社会主义现代化国家的内在要求，是践行以人民为中心发展思想、扎实推进共同富裕的重要基础。该规划还提出要持续做好高校毕业生就业工作，包括拓宽高校毕业生市场化社会化就业渠道及强化高校毕业生就业服务。其中，加强职业生涯教育和就业创业指导，加大就业实习见习实践组织力度，开展大规模、高质量高校毕业生职业技能培训，提高高校毕业生就业能力，是重要举措。

本书是深圳职业技术学院建设比亚迪应用技术学院校企合作教材编写书目之一，旨在通过职业院校毕业生在比亚迪的成长成才经历，给予大学生特别是职业院校汽车类专业的大学生的职业生涯规划更加清晰贴切的指导，有助于提升学院专业特色与品牌，推进校企合作深度融合，培养学生的职业素养和职业精神，为促进新能源汽车教育链、人才链与产业链、创新链有机衔接助力，支持新能源汽车产业人才培养的"深圳模式"，为建设一流的职业教育体系、一流的企业提供人才保障。

在内容选择上，本书遵循职业生涯规划理论体系，针对职业院校汽车类大学毕业生的职业发展，充分发掘比亚迪企业文化和特色，将大学毕业生和知名企业要素两个方面有机结合，是有特色、针对性强、有指导意义的职业生涯规划教材。书中案例涵盖不同的事业群、不同的部门、不同的岗位，抓住企业文化，讲述行业、企业和岗位与职业生涯规划的关系。本书采用活页式教材的形式，按照模块和任务的方式安排内容，方便教学使用，同时根据职业院校大学生的特点，采用项目式和图表式编排内容，增强可读性。每个模块都安排了学习目标、导入案例、拓展阅读、探索活动、榜样力量、比亚迪前辈对你说等板块，紧扣教学主题，引导学生自主阅读、自主思考、自主感悟、自我教育、自我提升。

本书在编写过程中参考了国内外相关专家的文献著作，在此一并表示感谢。由于时间仓促且编者水平有限，书中难免存在不当之处，敬请专家和读者批评指正。

编　者

目　录

前言

"天工讲堂"小程序码清单

模块一　打开职业生涯规划的大门——职规概述 …………………………………… 1
  【学习目标】 ……………………………………………………………………… 1
  【导入案例】 ……………………………………………………………………… 1
 任务一　认识职业生涯规划 ……………………………………………………………… 3
  一、什么是职业生涯规划? ………………………………………………………… 3
  二、为什么要做职业生涯规划? …………………………………………………… 3
  三、怎么做职业生涯规划? ………………………………………………………… 4
  【拓展阅读】 ……………………………………………………………………… 4
 任务二　了解高职大学生职业生涯规划的特点 ………………………………………… 7
  一、高职大学生的职业生涯规划更具迫切性 …………………………………… 7
  二、高职大学生的职业生涯规划更有针对性 …………………………………… 7
  【探索活动】 ……………………………………………………………………… 8
 任务三　分析深职院毕业生在比亚迪的现状 …………………………………………… 9
  一、深职院毕业生在比亚迪的基础数据分析 …………………………………… 9
  二、比亚迪内部晋升发展双通道分析 …………………………………………… 10
  三、从深职院毕业生在比亚迪的现状看高职大学生职业生涯规划 ………… 10
  【延伸测试】 ……………………………………………………………………… 11
  【模块总结】 ……………………………………………………………………… 11
  【榜样力量】 ……………………………………………………………………… 12
  【比亚迪前辈对你说】 …………………………………………………………… 13

模块二　丰富实现梦想的方式——性格探索 ·· 14

　　【学习目标】 ··· 14
　　【导入案例】 ··· 14
　任务一　认识性格 ·· 15
　　一、性格的含义 ··· 15
　　二、性格的特征 ··· 16
　　【拓展阅读】 ··· 16
　任务二　性格探索 ·· 17
　　一、探索性格的方法 ··· 17
　　【探索活动】 ··· 18
　　二、MBTI 的四个维度 ·· 24
　　【拓展阅读】 ··· 26
　任务三　性格与职业生涯规划 ··· 28
　　一、性格与职业生涯规划的适配性 ··· 28
　　二、性格与职业生涯规划的适配性实践案例 ·· 28
　　【模块总结】 ··· 29
　　【榜样力量】 ··· 30
　　【比亚迪前辈对你说】 ·· 31

模块三　寻找快乐工作的密码——兴趣探测 ·· 32

　　【学习目标】 ··· 32
　　【导入案例】 ··· 32
　任务一　认识兴趣 ·· 33
　　一、什么是兴趣？ ··· 33
　　二、什么是职业兴趣？ ··· 33
　　【拓展阅读】 ··· 35
　任务二　自我兴趣探索 ·· 36
　　一、霍兰德职业兴趣理论 ··· 36
　　二、个人职业兴趣探索 ··· 38
　　【探索活动】 ··· 38
　任务三　兴趣与职业生涯规划 ··· 40
　　一、爱我所选，积极主动学习专业知识 ··· 40
　　二、选我所爱，最大化挖掘自我潜力兴趣 ··· 40
　　【拓展阅读】 ··· 41

　　　　　【模块总结】 …………………………………………………………… 41
　　　　　【榜样力量】 …………………………………………………………… 42
　　　　　【比亚迪前辈对你说】 ………………………………………………… 43

模块四　掌握轻松工作的方法——技能探求 …………………………… 44

　　　　　【学习目标】 …………………………………………………………… 44
　　　　　【导入案例】 …………………………………………………………… 44
　　任务一　认识技能 ………………………………………………………………… 45
　　　　　一、能力的含义 ………………………………………………………… 45
　　　　　二、技能的含义 ………………………………………………………… 46
　　　　　【拓展阅读】 …………………………………………………………… 46
　　任务二　技能世界探索 …………………………………………………………… 47
　　　　　一、职业技能的含义 …………………………………………………… 47
　　　　　二、技能和职业 ………………………………………………………… 48
　　任务三　技能与职业生涯规划 …………………………………………………… 49
　　　　　一、个人技能探索 ……………………………………………………… 49
　　　　　【探索活动】 …………………………………………………………… 49
　　　　　二、个人技能培养 ……………………………………………………… 51
　　　　　【拓展阅读】 …………………………………………………………… 51
　　　　　【模块总结】 …………………………………………………………… 53
　　　　　【榜样力量】 …………………………………………………………… 53
　　　　　【比亚迪前辈对你说】 ………………………………………………… 54

模块五　倾听自己内心的声音——价值观探析 …………………………… 55

　　　　　【学习目标】 …………………………………………………………… 55
　　　　　【导入案例】 …………………………………………………………… 55
　　任务一　认识价值观 ……………………………………………………………… 56
　　　　　一、价值观的含义 ……………………………………………………… 56
　　　　　二、价值观的分类 ……………………………………………………… 57
　　　　　三、价值观的激励作用 ………………………………………………… 58
　　　　　【探索活动】 …………………………………………………………… 60
　　任务二　价值观探析 ……………………………………………………………… 60
　　　　　【探索活动一】 ………………………………………………………… 60
　　　　　【探索活动二】 ………………………………………………………… 60
　　任务三　价值观与职业生涯规划 ………………………………………………… 63
　　　　　一、价值观与就业 ……………………………………………………… 63

二、价值观与发展 ··· 64
【拓展阅读】 ··· 64
【延伸测试】 ··· 65
【模块总结】 ··· 66
【榜样力量】 ··· 66
【比亚迪前辈对你说】 ··· 67

模块六 编织精彩人生的"网"——工作世界探寻 ························· 68

【学习目标】 ··· 68
【导入案例】 ··· 68

任务一 认识工作世界 ··· 69
一、工作世界的宏观现实 ··· 69
二、工作世界的微观现实 ··· 70
【拓展阅读】 ··· 72

任务二 工作世界探寻 ··· 72
一、形成预期职业库 ··· 72
二、职业分类法 ·· 73
三、职业生涯人物访谈法 ··· 74
【拓展阅读】 ··· 75

任务三 工作世界与职业生涯规划 ·· 75
一、了解工作世界有助于做出正确的职业生涯决策 ················· 75
二、了解工作世界有助于提升个人认知 ································· 76
【探索活动】 ··· 76
【模块总结】 ··· 77
【榜样力量】 ··· 77
【比亚迪前辈对你说】 ··· 78

模块七 把握人生的钥匙——职业生涯决策 ···································· 79

【学习目标】 ··· 79
【导入案例】 ··· 79

任务一 认识职业生涯决策 ·· 80
一、职业生涯决策的内涵 ··· 80
二、职业生涯决策的作用 ··· 80
【探索活动】 ··· 81

任务二 职业生涯决策风格与类型 ·· 82
一、职业生涯决策风格的内涵 ··· 82

二、职业生涯决策风格的类型 ... 82
　　【拓展阅读】 ... 83
　任务三　职业生涯决策原则与方法 ... 84
　　一、职业生涯决策的原则 ... 84
　　【拓展阅读】 ... 85
　　二、职业生涯决策的方法 ... 85
　　【探索活动】 ... 86
　　【模块总结】 ... 87
　　【榜样力量】 ... 87
　　【比亚迪前辈对你说】 ... 88

模块八　开启职业的新征途——职业生涯规划管理 ... 89

　【学习目标】 ... 89
　【导入案例】 ... 89
　任务一　什么是职业生涯规划管理 ... 90
　　一、职业生涯规划管理的内涵 ... 90
　　二、职业生涯规划管理的影响因素 ... 91
　　【拓展阅读】 ... 91
　任务二　为什么要做职业生涯规划管理 ... 92
　　一、职业生涯周期管理的内涵 ... 92
　　二、职业生涯周期管理各阶段的特点 ... 92
　任务三　如何做职业生涯规划管理 ... 93
　　一、职业生涯规划管理的步骤 ... 93
　　二、职业生涯规划管理与职业成长管理 ... 93
　　【延伸测试】 ... 94
　　【模块总结】 ... 95
　　【榜样力量】 ... 95
　　【比亚迪前辈对你说】 ... 96

附录　职业生涯人物访谈记录 ... 97

参考文献 ... 126

"天工讲堂"小程序码清单

素 材 名 称	小 程 序 码
01. 比亚迪优秀校友访谈 - 何玲燕	
02. 比亚迪优秀校友访谈 - 黄谢逸	
03. 比亚迪优秀校友访谈 - 郑石群	
04. 比亚迪优秀校友访谈 - 龚学兵	
05. 比亚迪优秀校友访谈 - 章奋志	
06. 比亚迪优秀校友访谈 - 刘康健	
07. 比亚迪优秀校友访谈 - 张佳凯	
08. 比亚迪优秀校友访谈 - 李锦冰	

模块一　打开职业生涯规划的大门——职规概述

【学习目标】

知识目标	认识职业生涯规划的概念、意义和步骤
	熟悉高职大学生职业生涯规划的特点
	了解深圳职业技术学院毕业生在比亚迪的工作现状
能力目标	掌握职业生涯规划的基本步骤，运用在自己的职业生涯规划中
	结合高职大学生职业生涯规划的特点，指导自己的职业生涯规划
	借鉴在比亚迪工作的深圳职业技术学院毕业生数据和案例，开展自己的职业生涯规划
思政目标	做好职业生涯规划，努力成为高素质技术技能人才、能工巧匠、大国工匠

【导入案例】

尹工，2005年毕业于深圳职业技术学院（简称深职院）建筑与环境工程学院物业管理专业，2017年进入比亚迪，现任轨道交通事业群商务部办公室主任。主要工作内容是对建筑公司的资质、人员、投标等进行前期管理，紧跟当地政府相关部门政策，开展各省市准入条件的备案工作。该部门类似于中转站，负责协调，起到承上启下的作用，业务范围比较广，要与其他各个部门对接。

访谈一开始，尹工回忆了自己的职业生涯规划，他说由于没有做好职业生涯规划，自己毕业后走了很多弯路，工作经历非常曲折。从2005年毕业到2017年进入比亚迪，12年的时间，尹工先后5次换工作，经历了不同的企业，工作内容涉及行政、设计制造、商品销售和建筑行业业务拓展等，并最终选择在建筑行业深耕。

毕业之初，他首先选择了考公务员这条路。2006—2008年，他在某街道办事处以协管员的身份宣传劳动者权益保障，在这期间，尝试考公务员都没有成功。

大学期间所学专业是物业管理，2008年他有机会从事物业管理工作，但是他不愿意做这方面的工作。

考公务员失利，又不想从事本专业工作，于是他去了东莞，开始学习注塑模设计。遭遇了2008年金融危机后，个人没有得到很好的发展，因此他又回到了深圳。

后来，他进入了亨吉利表行做销售工作。

2012—2015年，他在某建筑公司任职，被外派到四川，从听不懂四川话，到可以和当地人用方言聊天，他说自己是遭遇了绝境，又绝处逢生，虽然遇到了很多困难，但是也获得了迅速成长。这一段经历，用尹工的话来讲，才是他职业生涯规划的开端。

后来，因为遇到了发展瓶颈，2017年，他进入比亚迪，担任前期工程师，继续从事建筑行业相关工作至今。

谈到目前的工作，尹工说他本人很喜欢研究政策，目前的工作政策性很强，工程业务必须跟着国家的政策走，研究得越细致，对业务顺利进行的帮助就会越大。他认为，目前的工作能够训练一个人的逻辑思维能力，有助于提升综合能力，具有一定的挑战性。他提到，他原本不喜欢沟通协调方面的工作，但工作改变了他的性格。他说，人必须得知道自己为什么改变，不然很有可能白费功夫，必须不断地去反思和规划。这是一个重塑自己的过程，也是一个艰难的过程。作为管理人员，他非常看重员工的品德。他认为，如果接受了一个不是很愿意做的任务，只要是自己的本职工作，就该尊重工作，认真完成任务。

谈到对于未来的职业生涯规划，尹工想拓宽自己的知识面，多研究政策，提升政策和投资理财方面的知识储备，将来会从事与建筑咨询相关的工作。

访谈最后，尹工结合自己的经历，建议师弟师妹尽早做好职业生涯规划，多沉下心来审视自己，想明白自己适合什么，多尝试一些没有尝试过的经历，挫折也是一份经验，对于长远的人生规划来说很有好处。另外，一定要坚持学习，提升自己，特别是毕业后的前三年不要松懈，这个时间段能够延续在校的学习状态。尹工也建议师弟师妹在毕业后的三到五年继续提升学历，完善自己。最后，尹工建议师弟师妹找一个感兴趣的工作坚持做下去，毕业初期不要只关注工资，学习成长才是最重要的。

【案例分析】尹工在职业生涯人物访谈的过程中，回忆总结了自己的职场经历，他真诚地讲述了自己在职场上走过的弯路，所以他一再强调职业生涯规划的重要性，希望师弟师妹尽早开始自己的职业生涯规划，正确认识职业生涯规划，多尝试，多思考，多总结。职业生涯规划是一个动态进行的过程，我们需要运用科学的方法，认识自己，认识职场，做出科学决策。让我们一起认识职业生涯规划，通过在比亚迪的深职院校友的成长发展，找到高职大学生的职业生涯规划之路。

任务一　认识职业生涯规划

一、什么是职业生涯规划？

（一）历史

职业生涯规划起源于20世纪初的美国，由美国人弗兰克·帕森斯最先提出，他的"人职匹配"理论在职业生涯规划中有深远的影响。20世纪初期，我国职业生涯规划开始萌芽。1916年，清华大学校长周寄梅先生在大学生职业选择中首次将心理测试方法应用于"生涯规划"课程辅导。21世纪以来，职业规划教育在我国开始受到关注，各大高校开始增加职业指导课程和讲座。

（二）概念

关于职业生涯规划的定义并没有完全统一的说法。综合各方观点，一般来讲，职业生涯规划就是对职业生涯乃至人生进行持续、系统的计划的过程，也被称为职业规划或者生涯规划。

（三）运用

在职业生涯规划中，会对个人职业选择的主观因素和客观因素进行分析和测定，确定个人的奋斗目标并努力实现这一目标，所以职业生涯规划是一个动态的过程。做职业生涯规划要根据自身的兴趣、性格、技能和价值观等特质，认识广义和狭义的职场，做出决策，将自己定位在一个最适合自己的位置上，在工作过程中调整自己的规划，不断发展完善。

二、为什么要做职业生涯规划？

哈佛大学有一项关于"目标对人生影响"的跟踪调查，调查对象是一群智力、学历、环境等条件都差不多的大学毕业生，得出的结果如下：

第一类人：27%的人没有目标。

第二类人：60%的人目标模糊。

第三类人：10%的人有清晰但比较短期的目标。

第四类人：3%的人有清晰且长远的目标。

25年后，哈佛大学又分别对这些人进行了跟踪统计，结果令人震惊。

那些有着清晰且长远目标的3%的人，25年来几乎都不曾更改自己的人生目标，并且为实现目标做着不懈努力，25年后他们几乎都成了社会各界顶尖的成功人士，其中不乏创业者、行业领袖和社会精英。

那些有着清晰、短期目标的10%的人，大多生活在社会中上层，他们的共同特征是，短期目标不断被实现，生活水平稳步上升，成为各行各业不可或缺的专业人士，如医生、律师、工程师、高级主管等。

而目标模糊的60%的人，几乎都生活在社会的中下层，能安稳地生活与工作，但都没什么特别的成绩。

那些没有目标的27%的人，几乎都生活在社会的底层，生活状况很不如意，经常处于失业状态。

从实践经验来看，发展较好的人都有着比较清晰的职业发展规划。原因也很简单，明确的职业规划就是上学的时候列的学习计划，有了明确的规划之后，我们就知道每个阶段的发展重点是什么，因此更加有目标感，从而避免了初入职场的迷茫感带来的浑浑噩噩。

（资料来源：云听，《95后必看的就业指南》，有删改）

明确目标，做出决策，付诸行动，不断进步，做好职业生涯规划，让自己的每一步都走得更扎实。职业生涯规划是一门需要不断更新认识、判断决策、付诸行动的学问。做好职业生涯规划，将未来掌握在自己手中。

三、怎么做职业生涯规划？

《孙子兵法·谋攻篇》有云："知彼知己，百战不殆。"职业生涯规划从认识自己、认识职场开始。职业生涯规划方法见表1-1。

表1-1 职业生涯规划方法

步骤	内容
（一）认识自己	"我是谁"是哲学的终极问题之一，可见认识自己并不是一件容易的事情。我们将从兴趣、性格、技能和价值观四个角度开启认识自己的大门，走好职业生涯规划的第一步，在工作中体会幸福感，拥抱成功
（二）认识职场	职场包含狭义和广义的概念，既涉及行业、企业和职业的宏观概念，也涉及工作岗位的微观视角。职业生涯人物访谈是认识工作世界非常直接和有效的方法，书中引用的案例来自在比亚迪工作的深职院校友
（三）科学决策	每个人都在不停地做选择，在知己知彼的基础上，面对选择，科学的方法至关重要。统筹分析、科学决策是职业生涯规划非常重要的一步
（四）求职行动	制作简历和参加面试是每个求职者都要面对的具体行动，将职业生涯规划的知识和理念运用在求职行动中，站在招聘者的角度思考问题，是落实职业生涯规划的具体行动
（五）调整完善	职业生涯规划是一个动态的过程，走入职场后，依然需要根据对自己和工作世界全新的认识，不断做出决策，付诸行动，让自己的职业生涯规划与时俱进

【拓展阅读】

如何做好大学生职业生涯规划？

大学生在进行职业规划时，定位的准确性将在较大程度上影响其职业发展。通过对大学生职业生涯规划现状的分析，能够发现各种问题，并据此实行相应的改善措施，希望能够全方位提高大学生求职竞争力，促进整体就业。

——本期嘉宾彭锋

主持人：最近有一份调查显示，近四成的人对自己目前的职业生涯规划还是满意的，但是当把这种规划分解后，他们就没有这么乐观了：仅有12%的人了解自己的个性、兴趣和能力；18%的人清楚自己职业发展面临的优势与劣势；清楚地知道自己喜欢和不喜欢的职业是什么的人只占16%。彭老师，您对此是怎么看的呢？

彭老师：大学生在自己的职业生涯规划判断上存在前后矛盾现象，这进一步表明大学生对什么是职业生涯规划还没有真正的认识，只知道概念，缺少实际操作。刚接触职业生涯规划的大学生还没有意识去全面认识自己，给自己一个定位，才会造成这种现状的发生。

做好属于自己的一份职业生涯规划对各种年龄段的人来说都是很重要的。不管你是刚刚迈进大学校门的新生，还是正在忙于各种招聘会的毕业生，对自己做出正确定位，规划自己的职业方向，确定自己的目标，并进而做出相应的努力，都是势在必行的，所谓"磨刀不误砍柴工"。正是源于此，"大学生职业生涯规划"这个理念是具有积极意义的。

主持人：那么，彭老师，大学生职业生涯规划是什么呢？

彭老师：大学生职业生涯规划是指学生在大学期间进行系统的职业生涯规划的过程。它包括大学期间的学习规划、职业规划，职业生涯规划的有无及其好坏直接影响大学生的学习成绩、生活质量，更直接影响求职就业甚至未来职业生涯的成败。从狭义职业生涯规划的角度来看，此阶段主要是职业的准备期，主要目的是为未来的就业和事业发展做好准备。

有不少大学生还没有真正理解职业生涯规划的确切含义，对职业生涯规划的重要意义认识不足，不了解职业生涯规划的程序，缺乏进行规划的具体技巧，以至于对职业生涯规划还处于一个懵懂的状态，所以不少大学生对职业生涯规划或冷眼相待，或无所适从，或使规划流于形式，或不顾主客观条件，任意随自己的兴致来"规划"，这都会导致职业生涯规划的应有作用不能充分发挥。

主持人：彭老师，职业生涯规划对于大学生来说，有什么重要的意义呢？

彭老师：著名生涯规划师金树人教授说过，一个人若看不到未来，就掌握不了现在。人为自己设定目标，带出希望，所有的行为将会凝聚在这个希望周围，活出意义来。

大学生进行职业生涯规划有利于自我定位，认识自我、了解自我，明确自己的方向，明确自己的人生目标。每个人在进行规划的时候，都要认真地问一问自己："我想干什么？我能干什么？现在准备什么？就业环境如何？"职业生涯规划让每位同学直接参与自己人生目标的设计，对于相关教育资源的利用也会更加自觉和更加充分，由"要我学"变成"我要学"。大学生寻找适合自身发展需要的职业，实现个体与职业的匹配，体现个体价值的最大化。职业生涯规划有助于全面提高大学生的综合素质，避免学习的盲目性和被动性；规划个人的职业生涯，对职业目标和实施策略了然于胸，便于从宏观上予以调整和掌控，能让大学生在职业探索和发展中少走弯路，在进程中随时调整自己，这样既节省了时间，也节省了精力。同时，职业生涯规划还能对大学生起到内在的激励作用，使大学生对学习和实践产生动力，激发自己，不断突破，不断为实现各阶段目标和终极目标而进取，可以享受到阶段性的成功。因此，职业生涯规划具有特别重要的意义。

主持人：彭老师，您可以向我们介绍一下大学生职业生涯规划的流程与主要内容吗？

彭老师：好的。我和大家聊一聊如何做好大学生职业生涯规划。

一年级为试探期。刚进入大学的你们，要有意识地初步了解职业，提高人际沟通能力。大一的学习任务不重，应多参加学校活动，提高自己的沟通能力和交流技巧，但不要盲目地参加，建议有选择性地参加几个自己感兴趣的部门或社团，适当地参加课余活动。

二年级为定向期。此时应考虑自己未来的方向，比如是否深造或就业，通过参加学生会或社团等组织、积极竞选负责人，锻炼自己的能力，同时检验自己的知识技能，提高自己的责任感、主动性和受挫能力，加强自己的弹性和抗压能力，并开始有选择地辅修其他专业的知识来填充自己。

三年级为冲刺期。临近毕业，此时目标应锁定在提高求职技能、收集公司信息，并确定自己是否要考研上，否则容易错过最佳的收集材料与复习时间。要积极锻炼自己独立解决问题的能力和创造性；积极加入校友网络，了解往年的求职情况。打算出国留学的学生，可多接触留学顾问，参与留学系列活动。

四年级为分化期。目标应锁定在工作申请及成功就业上。这时可对自己大学期间的前三年的准备做一个总结：首先检验自己已确立的职业目标是否明确，前三年的准备是否充分；然后开始毕业后工作的申请，积极参加招聘活动，在实践中检验自己的积累和准备；最后是模拟面试，积极利用学校提供的条件，强化求职技巧，进行模拟面试等训练，尽可能地为即将到来的就业做充分准备。

主持人：那么，彭老师，我们在进行职业生涯规划时应该注意什么呢？

彭老师：大学生进行职业生涯规划时，要自我定位，根据自己的能力，设计适合自己的目标，分长短不同时期做不同的计划，否则一切都只是空想，都是不现实的。我们不仅要设计职业生涯规划，还要在实践中围绕自身进行调整，在设计过程中要以自己为主，但不要自以为是，要同时听取专家的意见，让设计切合实际、可操作性强。

总之，职业生涯规划的重点在于同学们自己的发展定位和及时的方向调整，科学合理的职业生涯规划是同学们就业前的必要工作，做好它，同学们在职业生涯的路上就已经成功一半了！

主持人：彭老师，您能和我们谈谈职业生涯规划具体应该怎么做吗？

彭老师：好的。做好职业生涯规划主要包括以下几个步骤：

第一个步骤：认清自我。

要想做好职业生涯规划，首先要认识自我，了解自己的性格、气质、能力、兴趣和特长，给自己恰当的定位，明白自己适合干什么、能干什么，从而确定大致的选择方向和范围。比如，你可以通过MBTI（迈尔斯－布里格斯人格类型测验）职业性格测试、卡特尔16种人格因素问卷等形式进行测验，对自己有一个大体的了解。

第二个步骤：解读职业。

对自己想从事的职业要进行深入综合的分析，了解该职业所需的专业训练、能力，要从行业发展现状、优劣势、发展前景等出发，做好职业环境分析，理性而全面地思考问题。这一步骤需要查找收集资料，你们要有足够的耐心、细心和洞察力，不可急于求成。

第三个步骤：锁定目标。

只有确定目标才能坚定不移地往前走，制定方案，分析并解决各种问题，直到成功，目标具有指引作用和激励作用。我们需要根据自己的特点和现实条件来确立职业生涯目标。

第四个步骤：确定方案。

确认了就业范围，还需要为自己制订一个可实行的短期目标计划。在平时的学习生活中，同样要注重自身能力的培养与提升，不仅仅是专业领域的技能，还有多个领域都可能用到的素质，包括自信心、沟通能力，以及团队合作、分析问题、解决问题、挫折应对、时间管理等方面的能力，从而为以后的工作打下坚实的基础。

经过一系列的思考和反思之后，便是具体的规划和操作。在规划的时候，应尽可能详细，以免在以后具体实施过程中因为某一步骤过于粗糙而难以开展；而且要及时进行调整，尽可能根据现实情况进行改动。所有的计划只是在等待一个行动的号令，既然选择了诗和远方，便要风雨兼程，不忘初心，坚持下去。

（资料来源：《奋斗的青春不迷茫：大学生心灵成长访谈50期》，有删改）

任务二　了解高职大学生职业生涯规划的特点

在全面建设社会主义现代化国家新征程中，职业教育前途广阔、大有可为。要坚持党的领导，坚持正确办学方向，坚持立德树人，优化职业教育类型定位，深化产教融合、校企合作，深入推进育人方式、办学模式、管理体制、保障机制改革，稳步发展职业本科教育，建设一批高水平职业院校和专业，推动职普融通，增强职业教育适应性，加快构建现代职业教育体系，培养更多高素质技术技能人才、能工巧匠、大国工匠。

——习近平于2021年对职业教育工作作出的重要指示

一、高职大学生的职业生涯规划更具迫切性

高职教育以职业需求为导向、以实践能力培养为重点，高职大学生的职业生涯规划更为重要，更具迫切性。与普通教育不同，职业教育更加注重培养实践能力。在培养过程中，实习实训发挥着更加重要的作用，高职教育坚持产教融合的办学基本模式，发挥各类实训实习基地的作用，让学生在实际劳动中增长才智、提升技能。高职大学生在读期间更早更多地与产业和企业接触，更加清楚地认识自己，了解真实的工作世界，学会并做出科学决策，对于高职大学生的成长成才尤为重要。

二、高职大学生的职业生涯规划更有针对性

高职教育更加以面向市场的就业需求为导向，高职大学生的职业生涯规划更直接，更有针对性。高职院校在办学过程中对接重点产业，优化专业结构，推进校企合作，面向社会开

放办学、紧密对接就业需求，探索中国特色学徒制，注重工匠精神和精益求精习惯的养成，帮助学生实现更高质量就业。相对于普通大学生，高职大学生在职业生涯规划中，更了解工作世界，职业生涯规划更有目标，方向更明确，做好职业生涯规划更加有助于提高就业满意度。

那么，作为一名高职大学生，你理想的工作是什么呢？我们通过一个活动聚焦理想工作。

【探索活动】

理 想 之 旅

通过高考等途径，我们来到了大学。之前的学习目标似乎就是"考上大学"，这个目标曾经激励着我们为之刻苦努力。而今，这个目标已经成了过去，你在大学期间的目标是什么？面对未来，我们需要有新的目标来指引我们的行动。以下这个表单可以帮助我们重新探索自己的人生目标：

很小很小的时候，我的理想是_____

天真烂漫的小学时代，我的理想是_____

初中的花季雨季里，我的理想是_____

高中/职高的激情岁月里，我的理想是_____

现在，来到大学里，我的理想是_____

以上这些理想的共通之处是_____

通过这样的探索，我发现_____

_____

_____

基于现实，我想到实现自己理想的具体计划有_____

_____

_____

_____

在理想实现的过程中，我渴望获得的支持是_____

_____

_____

_____

任务三　分析深职院毕业生在比亚迪的现状

一、深职院毕业生在比亚迪的基础数据分析

比亚迪员工系统数据显示，截至 2021 年 9 月，深职院毕业生在比亚迪就职的有 122 人（部分深职院毕业生在毕业前就进入比亚迪实习，系统中只统计到当时的学历，所以统计数据略小于实际数据）。

在 122 人中，从人员类别来看，技术人员 94 人，占 77%；管理人员 28 人，占 23%（见图 1-1）。从员工级别来看，D 级别 1 人，占 1%；E 级别 7 人，占 6%；F 级别 43 人，占 35%；G 级别 46 人，占 37%；H 级别 24 人，占 20%；I 级别 1 人，占 1%（见图 1-2）。从工作年限来看，10 年以上 7 人，占 6%；5~9 年 12 人，占 10%；2~3 年 28 人，占 23%；1 年 75 人，占 61%（见图 1-3）。从年龄分布来看，40 岁以上 5 人，占 4%；35~39 岁 16 人，占 13%；30~34 岁 22 人，占 18%；25~29 岁 24 人，占 20%；24 岁以下 55 人，占 45%（见图 1-4）。

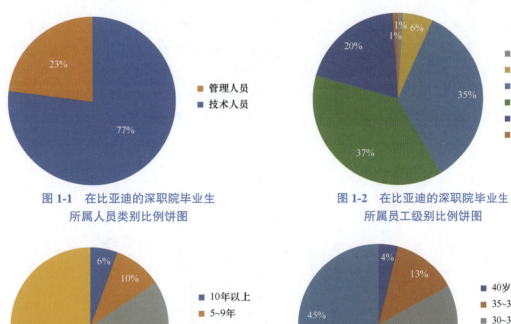

图 1-1　在比亚迪的深职院毕业生所属人员类别比例饼图

图 1-2　在比亚迪的深职院毕业生所属员工级别比例饼图

图 1-3　在比亚迪的深职院毕业生参加工作年限比例饼图

图 1-4　在比亚迪的深职院毕业生年龄分布比例饼图

二、比亚迪内部晋升发展双通道分析

比亚迪员工在企业内部可以享受晋升发展双通道，即根据任职资格走管理通道，从科员一直可以晋升为副总裁，也可以根据职称评定走技术通道，从见习/助理工程师一直成长为科学家，如图1-5所示。

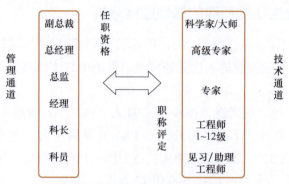

图 1-5　比亚迪内部晋升发展双通道

三、从深职院毕业生在比亚迪的现状看高职大学生职业生涯规划

从深职院毕业生在比亚迪基础数据来看，一方面，高职大学生主要从事技术工作（见图1-1）。同时，员工级别与年龄呈正相关（见图1-6），E级别以上的员工均在30岁以上（因工作年限数据仅为深职院毕业生在比亚迪的工作年限，未考虑其在其他单位的工作年限，所以不做比较分析）。因此，高职大学生在进行职业生涯规划时，可以发挥高职院校毕业生的优势，努力成长为高素质技术技能人才、能工巧匠、大国工匠。

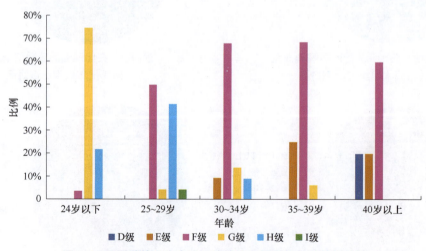

图 1-6　深职院毕业生在比亚迪的员工级别与年龄的相关性

另一方面，在比亚迪的深职院毕业生中，D和E级别的有8人，从事技术工作的为6人，

占 75%，基本上与深职院毕业生在比亚迪从事技术工作的比例 77% 保持一致。因此，高职大学生在进行职业生涯规划时，可以结合自身特点，充分利用如比亚迪内部晋升发展双通道这样的模式，选择适合自己的岗位和发展通道。

【延伸测试】

求职准备度评估表见表 1-2。

表 1-2 求职准备度评估表

序号	内　　容	分数 （满分 10 分）
1	是否清楚自己的职业兴趣？	
2	是否清楚自己能够胜任的工作类型？	
3	是否明确自己将要申请的职位、企业、行业？	
4	是否盘点过自己的优势资源并有效利用？	
5	是否清楚获得用人单位招聘信息的各种渠道？	
6	是否了解用人单位的招聘流程、渠道和用人条件？	
7	是否掌握简历撰写的技巧并准备好简历？	
8	是否知道一般用人单位面试的流程和常用方式，并知道如何应对？	
9	是否知道目标用人单位的笔试方式和重点内容？	
10	是否知道求职过程会有挫折和风险，并掌握了调整心态的方法？	

【模块总结】

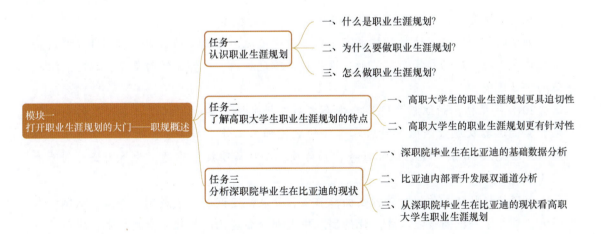

【榜样力量】

杨永修：像汽车一样奔跑在逐梦路上的大国工匠

34岁的他，是一名数控技术工人，更是我国汽车制造领域的大国工匠。他攻克了高端发动机精密制造技术，获得全国技术能手、全国五一劳动奖章等多项荣誉。

他能把高端发动机缸体、缸盖垂直度和同轴度等制造精度做到头发丝直径的三分之一，把精细的图纸参数加工成精密缸体；他能改装进口数控机床，使其拥有更多功能；他已拥有18项国家专利，成为"发明大王"；他还是车间里多位知名高校毕业生的师傅。

他，就是中国第一汽车集团有限公司（简称一汽）研发总院试制所数控班组高级技师杨永修。

15年前，他高考落榜。深信知识能够改变命运的他，复读一年之后再战，虽然他的分数可以上本科，但可选余地较少，最后他决定上个好专科——选择长春汽车工业高等专科学校，成为一名数控专业的学生。

上学后，他逐渐爱上了数控专业。毕业后，他如愿成为一汽技术中心的一名工人。一汽技术中心是一汽核心部门，负责设计研发工作。杨永修暗自下决心，不能满足于现状。

当了半年普通加工工人后，他转入自己热爱的数控岗位。一汽被誉为"共和国汽车工业的长子"，拥有一大批优秀的技术工人且其中很多是大国工匠，企业技术传承文化浓郁，杨永修的快速成长也得益于此。

5年多的时间，他废寝忘食地向前辈请教难题，很多人对他知无不言。他还购买了很多课件，自学最新理论。

杨永修说："我曾到一个复印社连续打印了1000多页电子材料，花笨功夫照着试验，快乐且充实。"

功夫不负有心人。很快，杨永修脱颖而出，成为技术能手。

如今的智能制造，让数控技术有了更多用武之地，高端发动机等精密零部件都需要数控技术实现。对杨永修而言，加工设备操作难度越高、操作系统越复杂，就越能激起他的学习欲望。

2018年年初，新红旗品牌战略发布之后，杨永修主要承担红旗自主研发的高端发动机、变速器及底盘等核心精密零部件的数控加工工作，解决了一大批"卡脖子"难题，先后完成30余项重大试制任务，累计攻克130多项技术难题，为集团公司创造价值1200多万元。

他还依托师徒工作间和劳模创新工作室，开展快速试制、集成制造等多项试制技术研究，培养了一批高技能人才。他的团队中大部分成员已经掌握了数控技术，实现了数智化转型。

模块一　打开职业生涯规划的大门——职规概述

近年来，一汽加速改革给杨永修更多施展才华的空间。"一汽像我这样的年轻人还有很多，大家梦想有多大、技术有多强、能力有多大，舞台就有多大。"他说。

看到大街上搭载自主研发发动机等关键零部件的红旗牌汽车越来越多，杨永修特别高兴。他说："把民族汽车品牌搞上去是一汽人的使命，我愿意扎根东北，扎根一汽，与同事们一道攻关，为攻克更多的'卡脖子'技术贡献自己的力量。"

（资料来源："学习强国"学习平台，有删改）

【向榜样看齐】 杨永修在高考后，结合自身情况，理性选择，没有读传统意义上的本科学校，而是进入了一所优秀的专科学校。这是他在认识自己和即将入读的学校的基础上做出的慎重选择，可能与大多数人的选择不同，但是后来的经历证明他的选择是适合他的。进入学校及毕业走入职场后，他不断提升自己，根据对自己和工作世界全新的认识，不断做出决策、付诸行动，最终成为我国汽车制造领域的大国工匠，让自己的青春在奋斗中闪光。

【比亚迪前辈对你说】

模块二 丰富实现梦想的方式——性格探索

【学习目标】

知识目标	掌握性格的内涵和特征
	学会探索性格的方法
	认识性格与职业的关系
能力目标	熟悉职业性格的类型
	运用MBTI性格类型测试法,探索职业性格
	将性格探索作为重要的一步,融入职业生涯规划
思政目标	开展科学的性格探索,将性格与职业有机结合,以期达到自我实现的最优解

【导入案例】

彭工,2004年毕业于深圳职业技术学院商务外语专业,目前就职于比亚迪汽车事业群,担任销售支持专员一职。

刚走出大学校门的她加入了达飞轮船(中国)有限公司深圳分公司,在公司兢兢业业工作了五年后有机会去马来西亚工作。来之不易的出国工作机会让她很是激动,出去看看外面的世界似乎是不错的选择。

在马来西亚工作了一段时间后,2013年,家里人开始催婚,催促她早日回国。此时,彭工开始网络求职,偶然间看到了比亚迪股份有限公司(简称比亚迪)的招聘信息,于是便投了简历。不久后收到了面试通知,由于专业对口且拥有丰富的工作经验,彭工如愿来到了比亚迪。

在比亚迪,彭工开始作为汽车销售部门的商务人员,部门的主要业务是出口公共汽车和小轿车。她的主要职责是负责下单,审核相关的商务风险、测算成本和协调发货。彭工先从跟单工作岗位做起,从这个岗位中她从头到尾地串联学习了国际贸易方面的知识。后来,她分别轮岗到物流、国际贸易、财务等岗位，针对性地提升了自身各方面的知识技能，并积累了各方面的工作经验。随着新能源汽车行业的飞速发展，彭工所在的部门也经历了快速发展，她的细心、耐心和沟通能力在与客户进行对接的过程中得到了很好的呈现。通过与内部公司同事、外部客户的对接，彭工自身也成长了许多。

在复杂的国际客户环境中，有时需要应对紧急任务和突如其来的工作任务，彭工在逐步的调整中变得得心应手，总是能够圆满地完成工作任务，让领导和团队满意。这些都得益于其自我性格与工作岗位的匹配，以及自身的拼搏进取和不懈努力。然而，在公司架构发展改变时，她选择了新的方向，转到了偏向于商务型的岗位。她说自己是个极其普通的人，不过也很庆幸自己当初能抓住机会换到自己想去的岗位，庆幸自己在工作中能够和同事保持融洽的关系，身处一个和谐的团队。在她看来，在工作中成功的表现是做事细心，主观能动性比较强，能主动获取信息，主动和别人沟通；不成功的表现是做事拖拉，效率低，沟通效果不好，工作完成度不高。彭工很享受现在的工作，团队氛围融洽。未来，彭工计划在30~40岁享受工作，积累工作经验，追求职场稳定；40~50岁，在职场稳定的情况下发展自己的兴趣爱好，同时享受生活的美好。

【案例分析】 彭工对自己的性格有着清晰的认识，她的细心、耐心和沟通能力让她在与客户和同事复杂的对接工作中游刃有余。一方面，她对自我性格有充分的认识；另一方面，她对工作所需的素质有着全面的了解。性格与职业两者相匹配才有了如此良好的"化学反应"。同时，她在进入比亚迪之前也有着丰富的国内外工作经验，这些经验使她在工作能力上有了巨大的提升，也让她在寻找自我、探索自我的道路上有了更深刻的见解。

任务一 认识性格

性格对一个人的职业适应性和匹配性有着重要的影响。每个人都有自己的独特性格，都有与其性格适配的职业类型。每一个职业类型又有着对应的适配性格类型。性格并无好坏之分，但性格类型与职业类型的匹配关系却决定了职业的成功与否。

一、性格的含义

性格是一个人在对现实的稳定的态度，以及与这种态度相应的、习惯化了的行为方式中表现出来的人格特征。态度是一个人对人、物或思想观念的一种反应倾向性，它是在后天生活中习得的，由认知、情感和行为倾向三个因素组成。态度决定了行为方式，稳定的态度使与这种态度相适应的行为方式慢慢地成了习惯，自然而然地表现出来。

性格是在社会生活实践中逐渐形成的，一经形成便比较稳定，它会在不同的时间和不同的地点表现出来。性格的稳定性即在相近的情形下，人的态度和行为具有一致性，但是这并不意味着性格是一成不变的，实际上性格是可塑的。性格在一个人的生活中形成后，随着生活环境的变化也会发生改变。

二、性格的特征

从静态结构来看，性格的特征可按照下列4个组成部分进行分析：态度特征、意志特征、情绪特征和理智特征。

性格的态度特征指的是一个人如何处理社会各方面的关系的性格特征，即他对社会、集体、工作、劳动、他人及自己的态度的性格特征。态度特征好的表现如忠于祖国、热爱集体、关心他人、乐于助人、大公无私、正直诚恳、文明礼貌、谦虚谨慎等；不好的表现如没有民族气节、无集体荣誉感、自私自利、奸诈狡猾、敷衍了事等。

性格的意志特征指的是一个人对自己的行为自觉地进行调节的特征。按照意志的品质，良好的意志特征是有远大理想、行动有计划、独立自主、不受别人左右、果断、勇敢、坚忍不拔、有毅力、自制力强等；不良的意志特征是鼠目寸光、易受暗示、优柔寡断、放任自流、怯懦任性等。

性格的情绪特征指的是一个人的情绪对自身活动的影响，以及他对自己情绪的控制能力。良好的情绪特征是情绪稳定，常处于积极乐观的心境状态；不良的情绪特征是情绪易受波动，心境容易消极悲观。

性格的理智特征是指一个人在认知活动中的性格特征，如认知活动中的独立性和依存性。独立性者能根据自己的任务和兴趣主动进行观察，善于独立思考；依存性者则容易受无关因素的干扰，愿意借用现成的答案。

【拓展阅读】

"最美城乡社区工作者"先进事迹

小社区，大天地。小小社区在夯实党的执政基础、提高人民群众生活质量、维护基层和谐稳定方面发挥了重要作用。在各地城乡社区，有这么一群热心人，有的把脏乱差"问题社区"营造成远近闻名的"明星社区"；有的放弃自己的事业，带领大家奔小康……在社区这片最基层的土地上，他们默默扎根，用爱心呵护，用恒心坚守，用真心奉献，让小小社区充满真情与大爱，汇成社会磅礴的正能量。他们对党忠诚，为民服务；他们开拓创新，勇于担当；他们爱岗敬业，甘于奉献——他们是最美城乡社区工作者。

多年来，广大城乡社区工作者扎根社区基层，践行以人民为中心的发展思想，服务居民群众，化解矛盾纠纷，营造邻里守望和谐氛围，书写了对党忠诚、为民服务、开拓创新、勇于担当、甘于奉献的人生华章，成为实现人民安居乐业、维护社会和谐稳定、筑牢中国特色社会主义大厦根基的重要力量。

他们中，有的不断创新社区工作方法，为居民解决民生难题，发动居民共建美好社区；有的二十年如一日，用心用情用力为居民服务，实现了"后进"社区到远近闻名的先进社区的蜕变；有的"抠小家""富大家"，用一股闯劲儿将经济滞后的革命老区村发展成资产过亿的现代新农村；有的脱下军装在社区一线闪光，用最美的青春书写年轻人的担当；有的积极发动社会慈善力量参与，整合各方资源为社区困难群众点燃生活的希望；有的致富不忘乡亲，毅然回乡带领村民走上共同富裕的道路；有的大学毕业回到家乡，扎根山村十余载，带领少数民族群众脱贫摘帽奔小康；有的舍生忘死当好"主心骨"，在地震灾后重建中用"苦黄连"换来百姓的"甜日子"；有的时刻把村民的冷暖挂在心上，用两条"铁腿"领着大山里的贫困村走上了致富路；有的全力做好社区民族团结工作，用真情拉近各族居民群众和谐互助邻里关系……在脱贫攻坚战、新冠肺炎疫情防控中，广大城乡社区工作者不讲条件、不计报酬，义无反顾地冲在第一线，用实际行动再次证明，广大城乡社区工作者是实现人民脱贫致富安居乐业、维护社会和谐稳定、筑牢中国特色社会主义大厦根基的重要力量。

（资料来源：人民网，有删改）

任务二　性格探索

一、探索性格的方法

认知自己的性格，选择适合自己性格的职业，可以帮助我们利用和发挥天性中的优势，提高工作效率和对工作生活的满意度。了解目标职业所需要的性格，可以让我们主动塑造自己的性格，以适应未来的职业发展。

对于性格探索，不同的心理学家有不同的测试标准和测试方法，本部分介绍 MBTI 性格类型测试法。

MBTI 的全称是 Myers-Briggs Type Indicator，是一种迫选型、自我报告式的性格评估工具，用以衡量和描述人们在获取信息、做出决策、对待生活等方面的心理活动规律和性格类型。它以瑞士心理学家荣格的人格理论为基础，由美国的伊莎贝尔·迈尔斯（Isabel Myers）和凯瑟琳·布里格斯（Katharine Briggs）母女共同研制开发。MBTI 理论揭示了性格类型的多样性和由此导致的不同个体行为之间行为模式、价值取向的差异性。性格类型深刻地影响着人们观察事物的角度、思考问题的方式、决策的动机、工作中的行事风格，以及人际交往中的习惯和喜好。

MBTI 是当今世界上应用广泛的性格测试工具之一。这种理论可以帮助解释为什么不同的人对不同的事物感兴趣、擅长不同的工作，并且有时不能互相理解。老师利用它提高授课效率，青年人利用它选择职业，组织利用它改善人际关系、团队沟通、组织建设、组织诊断等多个方面。据统计，世界500强企业中大部分引入并使用MBTI作为员工和管理层自我发展、改善沟通、提升组织绩效的重要方法。

【探索活动】

MBTI 性格类型测试

本测试分为四部分（见表2-1~表2-4），共93题；需用时约18分钟。所有题目没有对错之分，请根据自己的实际情况选择。将你选择的 A 或 B 所在的 ○ 涂黑，例如●。

1. 哪一个答案最能贴切地描绘你一般的感受或行为？

表2-1 MBTI 性格类型评估问卷（1）

序号	问题描述	选项	E	I	S	N	T	F	J	P
1	当你要外出一整天，你会 A. 计划你要做什么和在什么时候做 B. 说去就去	A							○	
		B								○
2	你认为自己是一个 A. 较为有条理的人 B. 较为随兴所至的人	A							○	
		B								○
3	假如你是一位老师，你会选择教 A. 以事实为主的课程 B. 涉及理论的课程	A			○					
		B				○				
4	你通常 A. 与人容易混熟　B. 比较沉静或矜持	A	○							
		B		○						
5	一般来说，你和哪些人比较合得来？ A. 现实的人　B. 富于想象力的人	A			○					
		B				○				
6	你是否经常让 A. 你的情感支配你的理智 B. 你的理智主宰你的情感	A						○		
		B					○			
7	处理许多事情上，你会喜欢 A. 凭兴所至行事　B. 按照计划行事	A								○
		B							○	
8	你是否 A. 容易让人了解　B. 难以让人了解	A	○							
		B		○						
9	按照程序表做事 A. 合你心意　B. 令你感到束缚	A							○	
		B								○
10	当你有一份特别的任务，你会喜欢 A. 开始前小心组织计划 B. 边做边找需做什么	A							○	
		B								○
11	在大多数情况下，你会选择 A. 顺其自然　B. 按程序表做事	A								○
		B							○	

(续)

序号	问题描述	选项	E	I	S	N	T	F	J	P
12	大多数人会说你是一个 A. 重视自我隐私的人 B. 非常坦率开放的人	A B	○	○						
13	你宁愿被人认为是一个 A. 实事求是的人　B. 机灵的人	A B			○	○				
14	在一大群人当中,通常是 A. 你介绍大家认识　B. 别人介绍你	A B	○	○						
15	你会跟哪些人做朋友? A. 常提出新主意的　B. 脚踏实地的	A B			○	○				
16	你倾向 A. 重视感情多于逻辑 B. 重视逻辑多于感情	A B					○	○		
17	你比较喜欢 A. 坐观事情发展才做计划 B. 很早就做计划	A B							○	○
18	你喜欢花很多的时间 A. 一个人独处　B. 和别人在一起	A B	○	○						
19	与很多人一起会 A. 令你活力倍增 B. 常常令你心力交瘁	A B	○	○						
20	你比较喜欢 A. 很早便把约会、社交聚集等事情安排妥当 B. 无拘无束,看当时有什么好玩就做什么	A B							○	○
21	计划一个旅程时,你比较喜欢 A. 大部分的时间都是跟着当天的感觉行事 B. 事先知道大部分的日子会做什么	A B							○	○
22	在社交聚会中,你 A. 有时感到郁闷　B. 常常乐在其中	A B	○	○						
23	你通常 A. 和别人容易混熟　B. 趋向独处一隅	A B	○	○						
24	哪些人会更吸引你? A. 一个思维敏捷及非常聪颖的人 B. 实事求是,具有丰富常识的人	A B			○	○				
25	在日常工作中,你会 A. 颇为喜欢处理迫使你分秒必争的突发情况 B. 通常预先计划,以免要在压力下工作	A B							○	○
26	你认为别人一般 A. 要花很长时间才认识你 B. 用很短的时间便认识你	A B	○	○						

19

2. 在下列每一对词语中，哪一个词语更合你的心意？请仔细想想这些词语的意义，而不是它们的字形或读音。

表 2-2　MBTI 性格类型评估问卷(2)

序号	问题描述	选项	E	I	S	N	T	F	J	P
27	A.注重隐私　B.坦率开放	A		○						
		B	○							
28	A.预先安排的　B.无计划的	A							○	
		B								○
29	A.抽象　B.具体	A				○				
		B			○					
30	A.温柔　B.坚定	A						○		
		B					○			
31	A.思考　B.感受	A					○			
		B						○		
32	A.事实　B.意念	A			○					
		B				○				
33	A.冲动　B.决定	A								○
		B							○	
34	A.热衷　B.文静	A	○							
		B		○						
35	A.文静　B.外向	A		○						
		B	○							
36	A.有系统　B.随意	A							○	
		B								○
37	A.理论　B.肯定	A				○				
		B			○					
38	A.敏感　B.公正	A						○		
		B					○			
39	A.令人信服　B.感人的	A					○			
		B						○		
40	A.声明　B.概念	A			○					
		B				○				
41	A.不受约束　B.预先安排	A								○
		B							○	
42	A.矜持　B.健谈	A		○						
		B	○							

(续)

序号	问题描述	选项	E	I	S	N	T	F	J	P
43	A.有条不紊 B.不拘小节	A							○	
		B								○
44	A.意念 B.实况	A				○				
		B			○					
45	A.同情怜悯 B.远见	A						○		
		B				○				
46	A.利益 B.祝福	A					○			
		B						○		
47	A.务实的 B.理论的	A			○					
		B				○				
48	A.朋友不多 B.朋友众多	A		○						
		B	○							
49	A.有系统 B.即兴	A							○	
		B								○
50	A.富有想象力 B.以事论事	A				○				
		B			○					
51	A.亲切的 B.客观的	A						○		
		B					○			
52	A.客观的 B.热情的	A					○			
		B						○		
53	A.建造 B.发明	A			○					
		B				○				
54	A.文静 B.爱合群	A		○						
		B	○							
55	A.理论 B.事实	A				○				
		B			○					
56	A.富有同情心 B.合乎逻辑	A						○		
		B					○			
57	A.具有分析力 B.多愁善感	A					○			
		B						○		
58	A.合情合理 B.令人着迷	A			○					
		B				○				

3. 哪一个答案最能贴切地描绘你一般的感受或行为。

表 2-3　MBTI 性格类型评估问卷(3)

序号	问题描述	选项	E	I	S	N	T	F	J	P
59	当你要在一个星期内完成一个大项目,你在开始的时候会 A. 把要做的不同工作依次列出 B. 马上动工	A							○	
		B								○
60	在社交场合中,你经常会感到 A. 与某些人很难打开话匣和保持对话 B. 与多数人都能从容畅谈	A		○						
		B	○							
61	要做许多人也做的事,你比较喜欢 A. 按照一般认可的方法去做 B. 构想一个自己的想法	A			○					
		B				○				
62	你刚认识的朋友能否说出你的兴趣? A. 马上可以 B. 要待他们真正了解你之后才可以	A	○							
		B		○						
63	你通常比较喜欢的科目是 A. 讲授概念和原则的 B. 讲授事实和数据的	A				○				
		B			○					
64	哪个是较高的赞誉? A. 一贯感性的人　B. 一贯理性的人	A						○		
		B					○			
65	你认为按照程序做事 A. 有时是需要的,但一般来说你不太喜欢这样做 B. 大多数情况下是有帮助而且是你喜欢做的	A								○
		B							○	
66	和一群人在一起,你通常会选 A. 和你很熟悉的个别人谈话 B. 参与大伙的谈话	A		○						
		B	○							
67	在社交聚会上,你会 A. 是说话很多的一个　B. 让别人多说话	A	○							
		B		○						
68	把周末期间要完成的事列成清单,这个主意会 A. 合你意　B. 使你提不起劲	A							○	
		B								○
69	哪个是较高的赞誉? A. 能干的　B. 富有同情心	A					○			
		B						○		
70	你通常喜欢 A. 事先安排你的社交约会 B. 随兴所至做事	A							○	
		B								○
71	总的来说,要做一个大型作业时,你会选 A. 边做边想该做什么 B. 首先把工作按步细分	A								○
		B							○	

(续)

序号	问题描述	选项	E	I	S	N	T	F	J	P
72	你能否滔滔不绝地与人聊天？ A. 只限于和你有共同兴趣的人 B. 几乎和任何人都可以	A		○						
		B	○							
73	你会 A. 使用一些被证明有效的方法 B. 分析还有什么问题及尚未解决的难题	A			○					
		B				○				
74	为乐趣而阅读时，你会 A. 喜欢奇特或创新的表达方式 B. 喜欢作者有话直说	A				○				
		B			○					
75	你宁愿替哪一类上司（或者老师）工作？ A. 天性淳良，但常常前后不一的 B. 言辞尖锐但永远合乎逻辑的	A						○		
		B					○			
76	你做事多数是 A. 按当天心情去做 B. 照拟好的程序表去做	A								○
		B							○	
77	你是否 A. 可以和任何人按需求从容交谈 B. 只是对某些人或在某种情况下才可以畅所欲言	A	○							
		B		○						
78	要做决定时，你认为比较重要的是 A. 据事实衡量 B. 考虑他人的感受和意见	A					○			
		B						○		

4. 在下列每一对词语中，哪一个词语更合你的心意？

表 2-4 MBTI 性格类型评估问卷（4）

序号	问题描述	选项	E	I	S	N	T	F	J	P
79	A. 想象的 B. 真实的	A				○				
		B			○					
80	A. 仁慈慷慨的 B. 意志坚定的	A					○			
		B						○		
81	A. 公正的 B. 有关怀心	A					○			
		B						○		
82	A. 制作 B. 设计	A			○					
		B				○				
83	A. 可能性 B. 必然性	A				○				
		B			○					
84	A. 温柔 B. 力量	A						○		
		B					○			

(续)

序号	问题描述	选项	E	I	S	N	T	F	J	P
85	A.实际 B.多愁善感	A					○			
		B						○		
86	A.制造 B.创造	A			○					
		B				○				
87	A.新颖的 B.已知的	A				○				
		B			○					
88	A.同情 B.分析	A						○		
		B					○			
89	A.坚持己见 B.温柔有爱心	A					○			
		B						○		
90	A.具体的 B.抽象的	A			○					
		B				○				
91	A.全心投入 B.有决心的	A						○		
		B					○			
92	A.能干 B.仁慈	A					○			
		B						○		
93	A.实际 B.创新	A			○					
		B				○				
	每项总分		E	I	S	N	T	F	J	P

以上八个偏好两两组合，即 EI、SN、TF、JP 各是一对组合，在每一对组合中，得分高的即为你的优势类型。如果同分，选择后面的那一个。四组逐一比较将会得到一个由四个字母组成的优势类型，如 ESTJ 型。

二、MBTI 的四个维度

MBTI 用于衡量个人类型偏好，或称为倾向。所谓偏好，是指一种天生的倾向性，是一种特定的行为和思考方式。这些偏好没有好坏的区别，却形成了人与人之间的不同。

MBTI 用四个维度偏好二分法评估一个人的性格类型偏好，每个维度均有两个对立的两极构成。四个维度分别是：外倾（E）或内倾（I）、感觉（S）或直觉（N）、思维（T）或情感（F）、判断（J）或知觉（P）。

（一）能量的投注方向：外倾型（E）—内倾型（I）

该维度用以表示个体心理能量的获得途径和与外界相互作用的程度，即个体的注意较多地指向于外部的客观环境还是内部的概念建构和思想观念。

外倾型比较注重外在环境的变化，需要通过经历来了解世界；内倾型关注内部精神世界，其心理能量通过内部的思想、情绪等获得。外倾型与内倾型表现对比见表2-5。

表2-5 外倾型与内倾型表现对比

外倾型（E）	内倾型（I）
与他人相处精力充沛	独处时精力充沛
希望成为注意的焦点	避免成为注意的焦点
行动，之后思考	思考，之后行动
喜欢边想边说出声	在心中思考问题，不善于表露
易于"读"和了解 随意地分享个人信息	相对封闭 更愿意在经挑选的小群体中分享个人的信息
说的比听的多	听的比说的多
高度热情地社交	不把热情表现出来
反应快，喜欢快节奏	仔细考虑后才有所反应，喜欢慢节奏
重于广度而不是深度	喜欢深度而不是广度

（二）信息的接收方式：感觉型（S）—直觉型（N）

该维度表示个体关注外在世界的方法，即倾向于通过各种感官去注意现实的、直接的、实际的、可观察的事件还是对事件将来的各种可能性和事件背后隐含的意义及符号和理论感兴趣。感觉型与直觉型表现对比见表2-6。

表2-6 感觉型与直觉型表现对比

感觉型（S）	直觉型（N）
相信确定和有形的事物	相信灵感和推断
喜欢新想法——它们必须有实际意义	喜欢新思想和概念——必须符合自己的意愿
重视现实性和常识性	重视想象力和独创力
喜欢使用和琢磨已知的技能	喜欢学习新技能，但掌握之后很容易厌倦
留心具体的和特殊的，进行细节描述	留心普遍的和有象征性的，使用隐喻和类比
循序渐进地讲述有关情况	跳跃性地展现事实，以一种绕圈子的方式
着眼于现实或现在	着眼于未来

（三）做决策的方式：思维型（T）—情感型（F）

该维度用以表示个体做决定和下结论的方法，即依靠客观的逻辑推理还是主观的情感和价值。

思维型依据客观事实的、非个人的逻辑分析来做决定，他们注重因果关系并寻求事实的客观尺度，因此较少受个人感情的影响；情感型期望自己的情感与他人保持一致，他们做决定的基石是什么对他们自己和他人是重要的，情感型做决定的依据是个人的价值观。思维型与情感型表现对比见表2-7。

表 2-7 思维型与情感型表现对比

思维型（T）	情感型（F）
退后一步思考，对问题进行客观分析	超前思考，考虑行为对他人的影响
重视符合逻辑、公平、公正的价值，一视同仁	重视同情与和睦，重视准则的例外性
容易发现缺点，有吹毛求疵倾向，倾向于批评	给人快乐，容易理解别人
被认为冷酷、麻木、漠不关心	被认为情感过多，缺少逻辑性，软弱
认为圆通比坦率更重要	认为圆通与坦率同样重要
只有情感符合逻辑时，才是正确的，才可取	无论是否有意义，认为任何情感都可取
渴望成就而激励自我	为了获得欣赏而激励自我

（四）喜好的生活方式：判断型（J）—知觉型（P）

该维度用以描述个体如何与外界打交道，即倾向于以一种较固定的方式生活（或做决定）还是以一种更自然的方式生活（或收集信息）。

判断型倾向于以一种有序的、有计划的方式对其生活加以控制，期望看到问题被解决，习惯并喜欢做决定；知觉型个体偏好于知觉经验，他们不断地收集信息以使其生活保持弹性和自然。他们努力使事件保持开放性，让其自然地变化，以便出现更好的事件。判断型与知觉型表现对比见表 2-8。

表 2-8 判断型与知觉型表现对比

判断型（J）	知觉型（P）
做了决定后感到快乐	当各种选择都存在时，感到快乐
有"工作原则"，先工作再玩	有"玩的原则"，先玩再完成工作
建立目标，并准时完成	随着新信息的获取，不断改变目标
愿意知道将面对的情况	喜欢适应新情况
着重结果（重点在于完成任务）	着重过程（重点在于如何完成工作）
满足感来源于完成计划	满足感来源于计划的开始
把时间看作有限的资源，认真对待最后期限	认为时间是可更新的资源，最后期限是有收缩的

【拓展阅读】

MBTI 的 16 种人格类型

人的性格是复杂的，四个维度之间会互相影响，所以正确地认识和理解一个人的方法应是将四个维度结合起来。在 MBTI 中，四维八极构成了 16 种不同的人格类型。MBTI 性格类型对照见表 2-9。

表 2-9　MBTI 性格类型对照表

性 格 类 型	性 格 特 征
ISTJ 型（内向、感觉、思维、判断型）	安静、严肃，通过全面性与可靠性分析获得成功；有责任感，决定有逻辑性，并一步步地朝着目标前进，不易分心；喜欢将工作、家庭和生活都安排得井井有条；重视传统和忠诚
ISFJ 型（内向、感觉、情感、判断型）	安静、友好、有责任感和良知，坚定地致力于完成他们的义务；全面、勤勉、精确、忠诚、体贴，注重细节，关心他人的感受；努力把工作和家庭环境营造得有序而温馨
INFJ 型（内向、直觉、情感、判断型）	寻求思想、关系、物质等的意义和联系，希望了解能够激励人的方法，对人有很强的洞察力；有责任心，坚持自己的价值观；在对目标的实现过程中有计划且果断坚定
INTJ 型（内向、直觉、思维、判断型）	在实现自己的想法和目标时有创新的想法和非凡的动力；能很快洞察到外界事物间的规律并形成长期的远景计划；一旦决定做一件事就会开始规划直到完成为止；对自己与他人的能力和表现要求都非常高
ISTP 型（内向、感觉、思维、知觉型）	灵活、忍耐力强，是个安静的观察者，一旦有问题发生，就会立即行动，找到实用的解决方法；善于分析事物运作的原理，能从大量的信息中很快找到关键症结所在；对原因和结果感兴趣，用逻辑的方式处理问题，重视效率
ISFP 型（内向、感觉、情感、知觉型）	安静、友好、敏感、和善，享受当下，喜欢有自己的空间，喜欢按照自己的时间表工作；有责任心；不喜欢争论和冲突，不会将自己的观念和价值观强加到别人身上
INFP 型（内向、直觉、情感、知觉型）	理想主义，希望外部的生活和自己内心的价值观是统一的；好奇心重，能很快看出事情的可能性，能够加速想法的实现；善于理解别人并乐于帮助他们开发潜能；适应力强、灵活、善于接受，除非是有悖于自己的价值观的
INTP 型（内向、直觉、思维、知觉型）	对于自己感兴趣的任何事物都寻求合理的解释；喜欢理论性和抽象的事物，热衷于思考而非社交活动；安静、内向、灵活、适应力强；对自己感兴趣的领域有超凡的精力与深度解决问题的能力；多疑，有时会有点挑剔，喜欢分析
ESTP 型（外向、感觉、思维、知觉型）	灵活、忍耐力强，为人实际，注重结果；觉得理论和抽象的解释非常无趣，喜欢采取积极的行动解决问题；注重当下，自然不做作，享受和他人在一起的时刻；喜欢追求物质享受和时尚；认为学习新事物最有效的方式是亲身感受和练习
ESFP 型（外向、感觉、情感、知觉型）	外向、友好、接受力强，热爱生活，热衷于物质上的享受；喜欢和别人一同将事情做成功；在工作中讲究常识和实用性，并使工作显得有趣；灵活、自然不做作，对于任何新事物都能很快适应；认为学习新事物最有效的方式是和他人一起尝试
ENFP 型（外向、直觉、情感、知觉型）	热情洋溢、富有想象力，认为人生有许多可能性；能很快地将事情与信息联系起来，自信地根据自己的判断解决问题；需要得到别人的认可，也给他人赏识和帮助；灵活、自然不做作，有很强的即兴发挥的能力，语言流畅
ENTP 型（外向、直觉、思维、知觉型）	反应快、睿智，有激励人的能力，警觉性强、直言不讳；在解决新的、具有挑战性的问题时机智而有策略；善于找出理论上的可能性，然后用战略的眼光分析；善于理解别人；不喜欢例行公事，很少用相同的方法做同样的事情，倾向于发展不同的新爱好
ESTJ 型（外向、感觉、思维、判断型）	为人实际、现实主义；果断，一旦下决心就会立即行动；善于将项目和人组织起来完成任务，并尽可能用最有效率的方法得到结果；注重日常的细节；有非常清晰的逻辑标准，系统性地遵循计划，并希望他人也能同样遵循；在实施计划时强而有力
ESFJ 型（外向、感觉、情感、判断型）	乐于助人、有责任心、喜欢合作；希望周边的环境温馨和谐，喜欢和他人一起准确并及时地完成任务；细致全面，保持忠诚；能体察到他人在日常生活中的需要，并通过帮助他人来得到满足；希望自己能受到他人的认可和赏识
ENFJ 型（外向、直觉、情感、判断型）	热情、为他人着想、易感应、有责任心，非常注重他人的感情、需求和动机；善于发现他人的潜能，并乐于帮助他们开发出来；能成为个人或群体成长与进步的催化剂；忠诚，对于赞扬和批评都会积极回应；友善、爱好社交，在团体中善于帮助他人，并有鼓舞他人的领导能力

(续)

性格类型	性格特征
ENTJ型（外向、直觉、思维、判断型）	坦诚、果断，有天生的领导能力，能很快看到公司、组织程序或政策中的不合理性和低效能性，发展并实施全面有效的系统来解决问题；善于设定长期的计划和目标；通常见多识广，博览群书，喜欢拓展自己的知识面并将此分享给他人；在陈述自己的想法时强而有力

任务三 性格与职业生涯规划

一、性格与职业生涯规划的适配性

性格与职业生涯规划的适配性是职业满意度、职业成就的重要基础。个人在现实中应发挥自己的性格优势，找准适合自己性格的职业。若某项职业未能完全匹配自己的性格，则个体可以结合实际情况，根据职业方向来培养发展与之相匹配的职业性格。

大学生在制订职业生涯规划时，要考虑性格因素，应了解自己的性格类型及职业对性格的要求，根据扬长避短的原则选择适合自己的职业，发挥性格优势的一面。

二、性格与职业生涯规划的适配性实践案例

本部分将通过三个不同性格类型的比亚迪校友职场案例来讲述性格导向下的职业生涯规划。

何工

建筑工程管理专业
造价员

严谨细心、足够耐心
职业性格：重复型

性格与职业高度匹配
迅速进入角色，职场提升快

何工，2012年毕业于深圳职业技术学院建筑与环境工程学院建筑工程管理专业，目前就职于比亚迪轨道交通事业群商务部造价科，担任概预算工程师。她是一个严谨细心、有足够耐心的人，在性格的分类中属于重复型。而概预算工程师岗位对员工的要求是认真细致和适应重复烦琐的工作，同时也需要员工具有细心谨慎、有条不紊的性格。性格和职业呈现出了很高的匹配度，这也让何工在进入比亚迪后迅速进入了角色。在自身性格上，何工也在不断地培养自己朝着更适合职业的方向前进。她说："我从前比较内向，投入工作之后，慢慢喜欢主动和别人沟通，喜欢和同事讨论问题，一起分享成果，性格上改变了很多，现在工作也有了很大的提升，知识积累也更多了。"

模块二　丰富实现梦想的方式——性格探索

郑工

车型项目管理岗

应急反应能力强、沟通协调能力强
职业性格：变化型和机智型

寻找到了与性格更匹配的岗位
研发岗转项目管理岗更加得心应手

2010年进入比亚迪工作的郑工，目前在比亚迪汽车事业群从事车型项目管理工作。他在工作中应急反应能力强、沟通协调能力强，属于典型的变化型和机智型性格。基于他的职业性格，他在车型项目管理岗显得非常得心应手。在目前这个岗位上，向外界推销公司的产品、为公司创造直接经济效益是最重要的能力体现，而他也在这个方向上继续努力着。他提到，工作以来最大的成就是，在转部门后三天内就完成了通常需要三个月交接的一个大单子，获得了运营部门认可，这还是整个试验部的头一回。

龚工

机电一体化专业
产品部经理

开朗诚实、交际能力强
职业性格：协作型和社会型

充分发挥性格优势
成功转行

担任比亚迪汽车事业群表面组装技术（Surface Mounted Technology，SMT）产品部经理的龚工于2016年加入比亚迪，1999年毕业于深圳职业技术学院，所学专业为机电一体化，从1991年中专毕业被分配到一家合资企业起便从事电子产品行业。他对自己的评价是比较容易冲动，开朗诚实，与同事关系融洽，容易交到很多朋友，听得进意见。据此可知，他的职业性格是协作型和社会型。他的性格认知让他在职业决策时认清并找准了职业方向，一来到比亚迪便很快适应了岗位，也让他在现实工作环境中充分发挥了自己的性格优势。同时，他根据职业方向培养了自身的职业性格。他说："目前最有成就感的事情就是在不同的工作岗位上都发挥了自己的力量，也得到了他人的尊敬，现在自我感觉还不错。"

【模块总结】

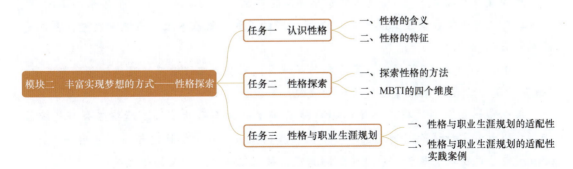

【榜样力量】

2018年"大国工匠年度人物"

夏立：让"天马行空"的钳工

夏立，男，1971年生，汉族，群众，中国电子科技集团公司第五十四研究所（简称54所）钳工，高级技师，单位航空、航天通信天线装配责任人，中国电科首届高技能带头人，于2016年6月成立夏立创新工作室，荣获2016年全国技术能手、河北省金牌工人、河北省五一劳动奖章、河北军工大工匠等荣誉称号，2017年北京世纪坛国防邮电产业大国工匠代表。

他是一名钳工，但在博士扎堆儿的研究所，博士工程师设计出来的图样能不能落到实处，都要听听他的意见。三十多年的时间里，夏立天天和这些半成品通信设备打交道，在生产、组装工艺方面，夏立攻克了一个又一个难关，创造了一个又一个奇迹。

384 400km，是地球到月球的平均距离。

0.004mm，是亚洲最大射电望远镜的天线齿轮间隙的距离，相当于一根头发丝的1/20粗细。

这两个差距以亿来计算的数字，由于嫦娥探月工程，被紧紧连在一起，而将它们连在一起的，是中国电子科技集团公司54所的高级钳工夏立。

上海65m射电望远镜，名列全球第四、亚洲第一。银色的望远镜矗立在上海佘山脚下，在蓝天下雄伟壮观。由于建设中涉及多个技术领域，这种大型射电望远镜是国家科技实力的体现。

要实现灵敏度高、指向精确等性能，望远镜天线的核心部件方位俯仰控制装置的齿轮间隙要达到0.004mm。完成这个"不可能的任务"的，就是有着近30年钳工经验的夏立。

"现代科技使许多精密制造实现了自动化，但要实现这种超高精度的装配，离不开高技能工人的手工操作，夏立完全'融'进了卫星天线的装配。"夏立的同事们由衷赞叹。

走进夏立所在的54所天线伺服专业部工艺与制造室的车间，上千平方米的车间内，满是正在装配中的各型号卫星天线。54所承揽的卫星天线基本上都在这里制造，夏立是技能带头人。

从1987年进入54所至今，夏立参与了许多国家重大工程中卫星天线的预研与装配。"最难的是上海65m射电望远镜天线的装配。"他说。

射电望远镜，通过接收天体的射电波来确定遥远天体的结构。嫦娥三号月球软着陆、嫦娥五号飞行试验器测定轨……不仅在我国探月工程中接收信号、发送指令，上海65m射电望远镜还"凝望"着更遥远的深空，被形象地称为"天马望远镜"。

让"天马行空"，是夏立的骄傲。因为装配难度太大，54所将任务交给他。

模块二　丰富实现梦想的方式——性格探索

宇宙中的射电波有不同波段，望远镜的天线就如同鼻子和耳朵，通过左右上下扫描，精确找到、接收不同波段的信号，哪怕只偏离了百分之几的角度，就可能找不到目标。控制天线对各角度进行扫描的装置，被称作方位俯仰控制装置，其核心是一个直径200mm、厚度10mm的圆形钢码盘。

确保望远镜精准探测，安装钢码盘成为关键，齿轮间隙要有0.004mm，如果太小，天线转不动；大了，天线会松动。

一丝，是0.01mm。一根头发丝大约有8丝粗细，而0.004mm只有一根头发丝的1/20。实现精确装配，夏立说最重要的是"心静"，眼里、心里只有设备。拧螺钉时，屏住呼吸，手稍微重一点，会过紧；手的力量不够，达不到精度要求。"要反复测算，寻找零件的移动变形量，找到规律，就容易达到装配精度要求了。"在反复尝试中，他凭着多年积累的手感，寻找那无法言说的"偶遇"。

少年时期的夏立就表现出动手能力强、对事物好奇心重的特点，并成长为邻居和同事们眼中的"巧手"。机缘巧合，夏立从事了他感兴趣的工作，进入54所，成为一名学徒钳工。三十多年的时间里，夏立一直待在54所的钳工操作台上，用电钻、扳手、钳子确保经手的军工品质——合格率100%。

（资料来源：中工网，有删改）

【向榜样看齐】 夏立是一个从车间走出来的"大国工匠"，在车间的三十多年时间里，他天天和半成品通信设备打交道，攻克了在生产组装工艺上一个又一个的难关，创造了一个又一个奇迹。面对射电望远镜精确度和灵敏度高的重大挑战，夏立凭借着他超乎常人的"细心"和"巧手"，书写着匠人的奇迹。

【比亚迪前辈对你说】

模块三　寻找快乐工作的密码——兴趣探测

【学习目标】

知识目标	掌握兴趣的基础定义
	了解兴趣的特征
	掌握霍兰德的职业兴趣类型论
能力目标	学会对自我兴趣进行探索和分类
	结合个人兴趣特点，合理规划自己的职业生涯
	学会使用"霍兰德职业索引"等工具来对个人职业兴趣适配度进行评估
思政目标	引导学生树立正确的兴趣观与劳动观，塑造良好人格，干一行爱一行

【导入案例】

郑工，2002 年毕业于深圳职业技术学院建筑与环境工程学院建筑工程专业，2010 年通过人才市场网站进入比亚迪工作，目前在比亚迪汽车事业群担任项目专员。她先从比亚迪生产线做起，慢慢熟悉各部分的零件，熟悉各产品装配，目前主要负责新产品整车进度管控和风险管控。

访谈中，她表示自己很喜欢目前的工作，因为产品从研发出来之后要走的各方面的流程自己都很熟悉，她感觉自己很适合这份工作。

她认为，找到适合自己的工作，做起来才能得心应手；找到自己感兴趣的方向，工作才不会觉得辛苦。她之前在研发部门工作过一段时间，因为研发和画图不是自己的兴趣所在，一有任务就感到压力很大，工作缺乏成就感。

从研发部门研究人员转到项目管理部门之后，刚开始她对工作还不熟悉，但经过一段时间的摸索，慢慢就熟悉起来了，直到现在的得心应手，因项目管理是自己的兴趣所在，而且自己拥有丰富的一线经验，就更愿意对产品进行深入了解，不断学习，看书越多，获益就越多，工作也就越得心应手。

刚毕业的时候，她不是很了解职业生涯规划，对自己的兴趣及想做的事情、适合做的事情都没有很清晰的规划，感觉做什么工作都可以。随着年龄和阅历的增长，她逐步形成了自己对职业价值的认识，使自己在选择职业时会更考虑自己感兴趣的方向及自己擅长的领域。现在的岗位中，没有办法专攻一个产品，无法从更加专业的角度去了解产品的特性，要想做得更好，需要自己对产品足够了解，进一步洞悉客户需求，培养风控意识，对外推销产品，才能为公司创造效益。因此，自己接下来的职业生涯规划是继续学习，熟悉产品，44岁之后专攻一个产品的开发管理，在自己感兴趣的领域继续做好工作，实现自己的人生价值。

【案例分析】兴趣是最好的老师，只有感兴趣，才能把事情做好。做你擅长做的事情，才能发挥你的长处，"选对路，比做对事重要100倍"。郑工在研发部门工作时，因为所做的事情不是自己感兴趣的领域，所以没有成就感。在不适合自己的领域，做着不适合自己的事情，工作和生活都会变得痛苦。换个舞台找到自己的兴趣点与想做的事情后，可能就会变成天生好手。因此，在选择长期稳定的职业生涯时，更重要的是需要知道自己对哪类工作感兴趣，这样才能规划好职业生涯并取得成功。

任务一 认识兴趣

一、什么是兴趣？

关于兴趣及其研究一直是教育学和心理学领域一个古老而又崭新的话题。心理学家桑代克最早开始研究兴趣，采取的做法是让个体去尝试进行各种活动，然后询问其活动后的体会。虽然兴趣没有一个统一规范的定义，但从这些概念定义中我们不难发现，对人与外界事物关系的强调是兴趣最基本的内涵。实际上，不同的时代下，人们对兴趣有不同的界定，随着经济的发展和社会文明的进步，人们对兴趣的认识不断深化。但是，就一般意义而言，兴趣是指个体对于外界事物的喜爱和偏好，是一个人追求认识、掌握某种事物，并经常参与该种活动的心理倾向及相应的能力。兴趣的形成有一定的先天性生理基础，但主要还是由后天的生活环境和生活实践塑造而成的，且存在着明显的个体差异。

二、什么是职业兴趣？

（一）职业兴趣的定义

兴趣主要指向与职业有关的活动，即职业兴趣。职业兴趣是人的爱好兴趣在职业问题上的反应，是一种稳定而持久的心理倾向，也是人们不同的心理品质对职业属性的多样、复杂的反映,是考察职业满意度、职业态度和教育行为结果有效的工具。随之产生的人职匹配理论认为:职业兴趣与人格特质具有同等地位的意义,是人格特质与工作环境的一致,人格特质与工作环境是密切联系在一起的。

(二)职业兴趣的作用

1. 职业兴趣影响人的职业定向和选择

现代社会发展日新月异,新职业不断涌现,职业分类与社会分工一样越来越细,就工作内容和自身属性而言,各种职业之间的差异也越来越明显。不同的职业及自身属性对人的素质、能力、特长和行为规范等要求各不相同,因此对人们的吸引情况也大不相同。求职过程中,人们会自觉不自觉地考虑自己对某方面的工作是否感兴趣,随着人们对生活质量和个人潜能发展需求的提高,这种考虑越来越变得现实和必要。

2. 职业兴趣能开发人的工作能力

人们在认识、评价和选择职业时,一般都会有意无意地从自身的兴趣出发。职业兴趣会在潜移默化中影响人的职业价值观,进而在个体的求职择业过程中对职业认知、选择和决策产生影响。如果一个人对某一工作感兴趣,就能够发挥他全部才能的80%~90%,并且能较长时间保持高效率而不感到疲劳;而对工作缺乏兴趣的人,只能发挥其全部才能的20%~30%,也容易疲劳、厌倦。

3. 职业兴趣可以增强人的职业适应力

人职匹配日益成为现代人力资源管理中的重要原则之一,即要将合适的人放在合适的岗位上,在人力资源与职位的匹配过程中,充分发挥兴趣对人的工作积极性和职业发展的推动作用。广泛的兴趣可以使人对多变的环境应付自如,即使变换工作性质,也能很快地熟悉和融入新的工作,使人更快适应职业环境和职业角色。

(三)职业兴趣的影响因素

1. 个人认识和情感

兴趣是和个人的认识及情感密切联系着的。如果一个人对某项事物没有认识,也就不会产生情感,因而也就不会对它发生兴趣。同样,如果一个人缺乏某种职业知识,或者根本不了解这种职业,那么他就不可能对这种职业感兴趣。相反,认识越深刻,情感越丰富,兴趣也就越深厚。

2. 个人需要和个性

不管人的兴趣是什么,都是以需要为前提和基础的,人们需要什么也就会对什么产生兴趣。由于人们的需要包括生理需要和社会需要(或物质需要和精神需要),因此人的兴趣也同样表现在这两个方面。人的生理需要或物质需要一般来说是暂时的,容易满足,例如,人对某一种食物、衣服感兴趣,吃饱了、穿上了也就满足了。而人的社会需要或精神需要却是持久的、稳定的、不断增长的,例如人际交往、对文学和艺术的兴趣。兴趣是在需要的基础上产生的,也是在需要的基础上发展的。

3. 受教育程度

个人自身接受教育的程度是影响其职业兴趣的重要因素。任何一种社会职业从客观上对从业人员都有知识与技能等方面的要求,而个人的知识与技能水平的高低在很大程度上取决于其受教育的程度。一般意义上,个人学历层次越高,接受职业培训范围越广,其职业取向领域就越宽。

4. 年龄和时代的变化

就年龄方面来说,少儿时期往往对图画、歌舞感兴趣,青年时期对文学、艺术感兴趣,成年时期往往对某种职业、某种工作感兴趣。它反映了一个人兴趣的中心随着年龄的增长和知识的积累在转移。就时代而言,不同的时代、不同的物质和文化条件,也会对人兴趣的变化产生很大的影响。

5. 职业需求

职业需求是一定时期内用人单位可提供的不同职业岗位对从业人员的总需求量,它是影响个人职业兴趣的客观因素。职业需求越多、类别越广,个人选择职业的余地就越大。职业需求对个人的职业兴趣具有一定的导向性,在一定条件下,它可以强化个人的职业选择,或抑制个人不切实际的职业取向,也可以引导个人产生新的职业取向。

6. 家庭环境

家庭因素对职业取向的影响主要体现在择业趋同性与协商性等方面。一般情况下,个人对于家庭成员特别是长辈的职业比较熟悉,在职业规划和职业选择上产生一定的趋同性影响,同时受家庭群体职业活动的影响,个人的职业生涯决策或多或少产生在家庭成员共同协商的基础上。兴趣有时也受遗传的影响,父母的兴趣也会对孩子有直接的影响。

7. 社会因素

一方面,社会舆论对个人职业兴趣的影响主要体现在政府政策导向、传统文化、社会时尚等方面。政府就业政策的宣传是主导的影响因素,而社会时尚职业则始终是个人特别是青年人追求的目标。例如,当前人工智能得到快速发展,对该职业有兴趣的人也增加得较快。另一方面,兴趣和爱好是受社会性制约的,不同环境、不同职业、不同文化层次的人,兴趣和爱好也不一样。

 【拓展阅读】

这些新职业,你感兴趣吗?

人力资源和社会保障部会同国家市场监督管理总局和国家统计局向社会正式发布了18个新职业信息。新职业名称与职业描述见表3-1。

表 3-1 新职业名称与职业描述

职 业 名 称	职 业 描 述
集成电路工程技术人员	从事芯片需求分析、芯片架构设计、芯片详细设计、测试验证、网表设计和版图设计的工程技术人员
企业合规师	从事企业合规建设、管理和监督工作,使企业及企业内部成员行为符合法律法规、监管要求、行业规定和道德规范的人员

(续)

职业名称	职业描述
公司金融顾问	在银行及相关金融服务机构中,从事为企业等实体经济机构客户提供金融规划、投融资筹划、资本结构管理、金融信息咨询等综合性咨询服务的专业人员
易货师	从事货物、服务等非货币互换,以及为上述互换提供策划、咨询和管理的人员
二手车经纪人	在二手车交易活动中,以收取佣金为目的,为促成交易而从事居间、行纪或者代理等经纪业务的人员
汽车救援员	使用专项作业车、专业设备工具及专业技能救助车辆脱离险境或困境的现场作业人员
调饮师	对茶叶、水果、奶及其奶制品等原辅料,通过色彩搭配、造型和营养成分配比等,完成口味多元化调制饮品的人员
食品安全管理师	依据国家法律和标准,采用危害分析与关键控制点等食品安全控制技术,在食品生产、餐饮服务和食品流通等活动中,从事食品安全风险控制和管理的人员
服务机器人应用技术员	运用服务机器人(含特种机器人)相关技术及工具,负责服务机器人在家用服务、医疗服务和公共服务等应用场景的集成、实施、优化、维护和管理的人员
电子数据取证分析师	从事电子数据的收集提取、数据恢复及取证分析的人员
职业培训师	从事面向全社会劳动者进行专业性、技能性、实操性职业(技能)培训一体化教学及培训项目开发、教学研究等的教学人员
密码技术应用员	运用密码技术,从事信息系统安全密码保障的架构设计、系统集成、检测评估、运维管理、密码咨询等相关密码服务的人员
建筑幕墙设计师	从事建筑幕墙及类似幕墙的装饰表皮创造或创意工作,绘制幕墙或类似幕墙的装饰表皮图纸的人员
碳排放管理员	从事企事业单位二氧化碳等温室气体排放监测、统计核算、核查、交易和咨询等工作的人员
管廊运维员	在电力、通信、给排水等管线集于一体的城市综合管廊运营过程中,从事项目组织管理和设备运行与维护等技术工作的人员
酒体设计师	以消费市场为导向,应用感官鉴评技能与营养科学知识对原酒与调味酒的组合特性进行分析与综合评判,提出最优酒体配比方案并生产特定风格酒类产品的人员
智能硬件装调员	能够使用示波器、信号发生器及计算机或手机等工具设备,完成智能硬件模块、组件及系统的硬件装配及调试、软件代码调试及测试、系统配置及联调等智能硬件装调工作任务的技术服务人员
工业视觉系统运维员	从事智能装备视觉系统选型、安装调试、程序编制、故障诊断与排除、日常维修与保养作业的人员

任务二 自我兴趣探索

一、霍兰德职业兴趣理论

目前关于职业兴趣的分类多种多样,其中影响最为广泛和深远的是霍兰德职业兴趣理论。它划分出不同的人格类型,相应也将环境分成不同的类型,而后通过个人和环境的相互匹配，达到职业指导的目的。

约翰·路易斯·霍兰德（John Lewis Holland，1919—2008）是美国著名职业指导家、教育家和心理学家，约翰斯·霍普金斯大学（Johns Hopkins University）教授，在学生职业指导领域产生了深远的影响。霍兰德根据他本人大量的职业咨询经验及其职业类型理论编制了测评工具——霍兰德职业兴趣自测。他认为：

1）职业选择是人格的一种表现，某一类型的职业通常会吸引具有一些共同特质的人，即职业兴趣。

2）个人职业兴趣特性与职业之间应有一种内在的对应关系。根据兴趣的不同，人格可分为研究型（I）、艺术型（A）、社会型（S）、企业型（E）、传统型（C）、现实型（R）六个维度，每个人的性格都是这六个维度的不同组合。

3）个人职业兴趣往往是多方面的，偏好不同。

霍兰德职业兴趣特征与职业的关系见表3-2。

表3-2 霍兰德职业兴趣特征与职业关系

名称	共同特征	典型职业
社会型(S)	喜欢与人交往、不断结交新的朋友、善言谈、愿意教导别人；关心社会问题、渴望发挥自己的社会作用；寻求广泛的人际关系，比较看重社会义务和社会道德	喜欢要求与人打交道的工作，能够不断结交新的朋友，从事提供信息、启迪、帮助、培训、开发或治疗等事务，并具备相应能力，如教育工作者（教师、教育行政人员）、社会工作者（咨询人员、公关人员）
企业型(E)	追求权力、权威和物质财富，具有领导才能；喜欢竞争、敢冒险、有抱负；为人务实，习惯以利益得失、权力、地位、金钱等来衡量做事的价值，做事有较强的目的性	喜欢要求具备经营、管理、说服、监督和领导才能，以实现机构、政治、社会及经济目标的工作，并具备相应的能力，如项目经理、销售人员、营销管理人员、政府官员、企业领导、法官、律师
传统型(C)	尊重权威和规章制度，喜欢按计划办事，细心、有条理，习惯接受他人的指挥和领导，自己不谋求领导职务；喜欢关注实际和细节情况，通常较为谨慎和保守，缺乏创造性，不喜欢冒险和竞争，富有自我牺牲精神	喜欢要求注意细节、精确度、有系统、有条理，具有记录、归档、根据特定要求或程序组织数据和文字信息的职业，并具备相应能力，如秘书、办公室人员、记事员、会计、行政助理、图书馆管理员、出纳员、打字员、投资分析员
现实型(R)	愿意使用工具从事操作性工作，动手能力强，做事手脚灵活，动作协调；偏好于具体任务，不善言辞，做事保守，较为谦虚；缺乏社交能力，通常喜欢独立做事	喜欢使用工具、机器及需要基本操作技能的工作，对要求具备机械方面才能、体力或从事与物件、机器、工具、运动器材、植物、动物相关的职业有兴趣，并具备相应能力，如技术性职业（计算机硬件人员、摄影师、制图员、机械装配工）、技能性职业（木匠、厨师、技工、修理工、农民）
研究型(I)	思想家而非实干家，抽象思维能力强，求知欲强，肯动脑，善思考，不愿动手；喜欢独立的和富有创造性的工作；知识渊博，有学识才能，不善于领导他人；考虑问题理性，做事喜欢精确，喜欢逻辑分析和推理，不断探讨未知的领域	喜欢智力的、抽象的、分析的、独立的定向任务，要求具备智力或分析才能，并将其用于观察、估测、衡量、形成理论、最终解决问题的工作，并具备相应的能力，如科学研究人员、教师、工程师、编程人员、医生、系统分析员
艺术型(A)	有创造力，乐于创造新颖、与众不同的成果，渴望表现自己的个性，实现自身的价值；做事理想化，追求完美，不重实际；具有一定的艺术才能和个性；善于表达、怀旧、心态较为复杂	要求具备艺术修养、创造力、表达能力和直觉，如艺术方面（演员、导演、艺术设计师、雕刻家、建筑师、摄影家、广告制作人）、音乐方面（歌唱家、作曲家、乐队指挥）、文学方面（小说家、诗人、剧作家）

然而，大多数人并非只有一种特征（比如，一个人的人格可能同时包含社会型、研究型和现实型这三种）。霍兰德建议将这六种特征分别放在一个正六边形的每一角上，即霍兰德职业教育兴趣六角模型（见图3-1）。人们通常倾向选择与自我兴趣类型匹配的职业环境，如具有现实型兴趣的人希望在现实型的职业环境中工作，可以最好地发挥个人的潜能。

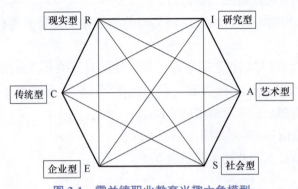

图 3-1　霍兰德职业教育兴趣六角模型

在职业选择中，个体并非一定要选择与自己兴趣完全对应的职业环境。因为个体本身常是多种兴趣类型的综合体，单一类型显著突出的情况不多，所以在评价个体的兴趣类型时经常以其在六大类型中得分居前三位的类型组合而成，组合时根据分数的高低依次排列字母，构成其兴趣组型，如 RCA、AIS 等。此外，影响职业选择的因素是多方面的，不完全依据兴趣类型，还要参照社会的职业需求及获得职业的现实可能性。因此，个体在职业选择时会不断妥协，寻求相邻职业环境，甚至相隔职业环境，在这种环境中，个体需要逐渐适应工作环境。但如果个体寻找的是相对的职业环境，意味着所进入的是与自我兴趣完全不同的职业环境，则工作起来可能难以适应，或者难以做到工作时觉得很快乐，甚至可能会每天工作得很痛苦。

二、个人职业兴趣探索

【探索活动】

"兴趣岛"测试：你最适合做什么职业？

A 岛——美丽浪漫岛

这个岛上到处都是美术馆、音乐厅，弥漫着浓厚的艺术文化气息。岛上居民保留着传统的舞蹈、音乐和绘画，许多文艺界人士都喜欢来这里举行沙龙派对，寻找灵感。

C 岛——现代井然岛

岛上处处耸立着现代建筑，标志着这是一个进步的、都市形态的岛屿，岛上的户政管理、地政管理及金融管理都十分完善。岛上居民个性冷静保守，处事有条不紊，善于组织规划。

E 岛——显赫富庶岛

岛上的居民热情豪爽，善于企业经营和贸易。岛上的经济高度发达，处处都是高级饭店、俱乐部、高尔夫球场。岛上往来者多是企业家、经理人、政治家、律师等，他们在岛上享受着高品质的生活。

I 岛——深思冥想岛

这个岛平畴绿野，人少僻静，适合夜观星象。岛上有很多天文馆、科技博物馆、科学图书馆。岛上居民喜好沉思、钻研学问、探究真知，喜欢和来自各地的哲学家、科学家讨论学术问题，交流思想。

R 岛——自然原始岛

岛上不仅有热带植物，自然生态保持较好，还有相当规模的动物园、植物园、水族馆。岛上居民以手工见长，自己种植花果蔬菜、修缮房屋、打造器物、制作工具。

S 岛——温暖友善岛

岛上居民性情温和、十分友善、乐于助人，人们多互助合作，重视教育。每个社区都自成一个密切互动的服务网络，处处充满着人文关怀气息。

你总共有 15 秒的时间来回答以下问题：

如果你必须在 6 个岛之中的一个岛上生活一辈子，成为岛民的一员，那么

1. 请不要考虑其他因素，仅凭自己的兴趣挑出你最想前往的岛屿。
2. 你第二会选择哪一个岛？
3. 你最不愿意选择哪一个岛？

选好之后，依次记下问题的答案。

选择三个岛屿，把最想去的岛屿排在第一位，依次写下来：1. ___；2. ___；3. ___。

该测评的目的是：根据一个人喜欢的活动、擅长的活动、喜欢的职业，找出他的典型职业倾向，以及与典型职业倾向匹配的职业类型，从而帮助人们有意识地选择和规划自己的职业方向、学习方向、确定价值目标等。每个人都是多种兴趣类型的组合，可以根据排在前三位的兴趣组合来匹配职业。例如，你的职业兴趣排前三位的是 RIA，那么 IRA、IAR、ARI 也可以作为参考。

测试分析：

六个岛实际上分别代表了六种职业类型，它们的描述及矛盾关系如下：

A 岛——艺术型　　C 岛——传统型

E 岛——企业型　　I 岛——研究型

R 岛——现实型　　S 岛——社会型

任务三　兴趣与职业生涯规划

职业兴趣理论的提出充分肯定了兴趣在人们职业活动中的重要作用。职业兴趣虽然不同于职业价值观，但是职业中必然有能够满足人的职业兴趣的因素和内容，二者显然有着一定的关联。换言之，人的职业兴趣既能够作为一种内在需求而成为个体评价职业属性的内在标准，也能够作为一种个性倾向直接或间接地影响个体职业价值观的形成、发展、变化和趋于稳定的整个过程。

研究表明，大部分学生职业兴趣不明确。俗话说，兴趣是最好的老师。只有明确了自己的职业兴趣，才能确定今后的职业目标。然而，不少学生在入学之前对自己的职业兴趣相当迷茫，考什么大学、学什么专业，很多时候选择都带有随机性，只是父母或长辈的选择，或是朋友、熟人的推荐，对于诸如以后自己事业要往哪个方向发展、这个行业的前景如何等问题完全未予考虑。我们很难想象，一个对于自己所做事情没有一丝兴趣的人，如何会有激情与动力把工作做好。大学生在设计自己的职业生涯时，要充分挖掘和培养自己的兴趣，把"选我所爱"和"爱我所选"相结合。

一、爱我所选，积极主动学习专业知识

兴趣与人的长远职业目标及成就、动机、理想、价值观等紧密联系在一起，因此在作用于人的职业行为中始终趋向于预期的目标，即获得事业的成功。早在两千多年前，孔子就说过"知之者不如好知者，好之者不如乐知者"。兴趣往往是大学生在生活、学习、工作感到愉快、投入、发展、成就、自信、满足、自我实现等一系列良性循环的起点。所以，大学生在自我探索过程中首先要做的就是爱我所选。职业不仅仅是一种谋生的手段，更是个人实现梦想、完善自我、发挥才智的平台。只有从事所好职业，才能保持一种较高的职业理想追求，才能将所规划的蓝图化为自我行动，从而获得人生价值实现。当学习感兴趣的东西时，才能够将兴趣转化成工作的欲望和动力，并对以后将要从事的行业充满激情和热忱，争取在工作中实现自我价值、取得成就，成功完成自己的职业生涯规划。

二、选我所爱，最大化挖掘自我潜力兴趣

兴趣作为一种特殊的倾向，是人的动机产生的重要主观原因，也是人对所从事的职业活动具有创造性态度和产生创造性行为的重要条件。选我所爱可以充分地挖掘人的职业潜能，推动人们进行不懈的努力和创造性的劳动，从而取得事业的成功。人们的兴趣具有差异性，这种差异性是人们进行职业选择的重要依据之一。因此，在开展职业生涯规划时，大学生应理性对自己进行定位，争取尽量选我所爱，明确自己的职业兴趣，才能确定今后的职业目标，按照理想的职业目标去奋斗、努力。此外，不同的兴趣倾向于不同的职业岗位，将兴趣

与职业相统一，不仅可以让人在工作中找到安全感，还能使人感受到被需要、被尊重，感受到存在的意义，从而达到自我实现，体现自我价值，享受职业上的高度成就感。

【拓展阅读】

比亚迪职业生涯人物访谈录

1. 比亚迪汽车事业群工艺工程师刘工

问：您喜欢目前的工作吗？请具体说说您喜欢的地方。

答：喜欢。一是平台提供的机会多，工厂和部门领导对我比较信任，会让我接触很多相关的工作及负责一些项目，例如2012年我就单独带一组人完成了一个车型的试制项目，现在我们工厂的新进员工的实际操作培训体系也是我建立的。二是离家近，我的家人都住在深圳，在这里工作，我不用远离家人。满意的是能够学以致用，我学的是汽车运用技术，也算是专业对口了。校企合作时，我代表工厂接待了所在学院的院长和老师，2019年还回母校招聘过人员。

2. 比亚迪汽车事业群销售支持专员彭工

问：您喜欢目前的工作吗？请具体说说您喜欢的地方。

答：我的团队、领导及工作氛围，这些是我最喜欢的方面。此外，我在这个岗位上得心应手，因此目前的工作算是我的舒适圈。

3. 比亚迪汽车事业群商务专员林工

问：您喜欢目前的工作吗？请具体说说您喜欢的地方。

答：喜欢。一是安逸，我觉得一天工作8小时，下班后也不用继续工作，可以把家庭放在第一位。二是时间宽裕，周末是双休，工作时间比较轻松，相对来说时间很宽裕，而且工作量也不大。这份工作我最满意的地方在于它的安逸，以及同客户对接时良好的合作关系。

【模块总结】

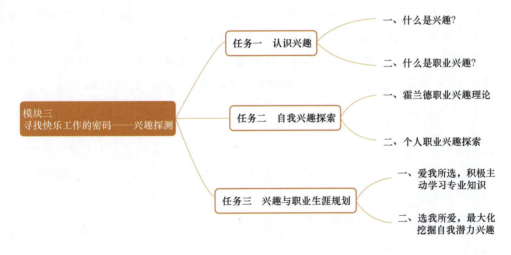

【榜样力量】

全国劳动模范张重阳：从日落到天明，坚守地铁运营安全底线

在获得2020年"全国劳动模范"荣誉前，张重阳在广州地铁的维修岗位上干了17年。55岁的张重阳，脸上常挂着笑容，17年的地铁检修经验使他能够灵活、快速地攀爬3米高的检修车扶梯，这个就算是年轻工人也要谨慎留意的动作，张重阳却笑称容易得和"进家门"一样。

作为广州地铁集团的首席维修专家，多年来，张重阳在这个"不起眼"的岗位上创新多起维修技术先例，填补了行业空白，"全国五一劳动奖章""全国知识型职工先进个人""广东省劳模""南粤工匠"等殊荣纷至沓来。万家灯火时，炙热奔流的地铁线网从一天的忙碌中渐渐冷却下来，又到了像张重阳这样的地铁维修"幕后英雄"们上场的时间了，他们坚守着运营安全的底线，从日落到天明。

张重阳与广州地铁的结缘要从17年前说起。当时他还在化工行业工作，"厂里效益不太好，为了养家糊口，急切地想找到一份更好、更稳定的工作"。2003年，张重阳得知广州地铁招检修工的消息，广州地铁先进的技术和良好的工作环境给了他安全感，"我觉得自己找到了'家'，这样一待就是17年"。

天上的线网、地下的铁轨、地铁列车的机械器件……日常的检修工作庞杂、零碎且重复，张重阳没有局限于仅仅完成枯燥的本职工作。他总结自己创新的"秘诀"时说："我在工作中喜欢'瞎折腾'，发现设备运用中不合理的地方就想去改进，将这种带着问题的学习和创新精神运用到工作中，一项项创新成果自然就水到渠成了。"

他是这样想的，也是这样践行的。受突如其来的新冠肺炎疫情影响，为了维护地铁基础设备的正常状态，张重阳主动坚守夜班，在低温环境下额外加强钢轨检测密度，为主动放弃休假的小伙子们打下手，"哪怕在旁边看着他们，也比坐在家里安心"，说到这，他脸上又露出了招牌式的温暖笑容。

获得一系列殊荣之后，心态没有变化是不可能的，但张重阳很清楚，"获奖不是我一个人有多厉害，而是反映广州地铁团队的力量，我不能辜负大家的期望，只有踏踏实实地工作才能心安"。坚持下去并不难，这位给检修行业带来巨大革新的佼佼者毫不犹豫地说："因为喜欢，每次完成一项任务都有一种成就感，我享受这种成就感。"

（资料来源："学习强国"学习平台，有删改）

【向榜样看齐】 知之者不如好之者，好之者不如乐之者。地铁维修不仅仅是张重阳谋生的手段，更是个人实现梦想、完善自我、发挥才智的平台。尽管已临近退休的年龄，但他对推陈出新的热情不减，只有从事所好职业，才能保持一种较高的职业理想追求，才能将所规划的蓝图化为自我行动，从而实现人生价值。

【比亚迪前辈对你说】

模块四　掌握轻松工作的方法——技能探求

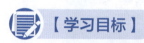【学习目标】

知识目标	了解能力和技能的概念及分类
	掌握可迁移技能、自我管理技能的概念
	了解多元智能理论的基本内容
能力目标	辨识个人所擅长的技能
	结合个人技能发展，进行职业生涯规划
	根据未来职业发展规划，明确个人需要发展和培养的技能
思政目标	以新时代中国梦为核心，明确个人需要发展和培养的技能，成为新时代技术技能人才

【导入案例】

龚工，1999年毕业于深圳职业技术学院建筑与环境工程学院建筑工程专业，现任比亚迪电子事业群产品部经理，所在岗位的主要职责是SMT产品管理。

1991年中专毕业后，龚工被分配到与三星合资的一家公司，2012年由于业务萎缩，他应聘到另外一家公司做工程总监。2015年年底到2016年年初，该公司取消了手机代工业务，因此他考虑转行。由于他在行业上做了多年，口碑较好，2016年被猎头招聘到比亚迪公司，并提供了两个职位供选择，一个是工程部经理，另一个是副厂长。考虑到自己所学专业与各方面能力，他决定做工程部经理，并一直努力做到现在的岗位，成功从传统的加工行业转行到电子行业。

产品部工作需要的基本技能是自动化相关专业知识和设备技术专业知识等，而绘图软件、制表、分析软件要学会简单操作使用。另外，由于日常需要与客户和上下级进行工作对接，因此要具备一定的沟通交流和管理能力、研发创新能力。在工作中要有冲劲、竞争意识和危机意识，脚踏实地，还要有交际能力，善于交流和沟通，以及解决问题的实践能力。现在所处的岗位对个人职业技能要求则更高，不仅要有过硬的技术本领，对公司的产品及生产流程要熟悉并且尽量参与，还要有丰富的经验，有解决问题、降低公司损失的能力。最后，要有为公司创造经济价值的能力，帮助公司做大做强，这样才能算是做好本职工作。

他认为自己在职业生涯规划中没有太多的迷茫阶段，自己的三份工作大都是因为公司前景、家庭因素、职业发展等进行更换的。每次在选择职业生涯规划时，他主要考虑家庭、企业文化、兴趣、待遇等因素。他认为，在面试时首先要注重个人外在形象，在展示自己精气神的同时要表达出对此次应聘的重视；其次要能够熟练表达和沟通，准确描述个人简历的内容；最后要有充分自信，可以将自己的特点和特长、在学校中所获奖项及学生干部经历描述出来，展现个人优势，这样职业面试成功率会大大提高。在进行自己的职业生涯规划时，要学会往好的方面去想，积极努力，不断提高自身职业技能，机会来临时才能一矢中的，进而实现自身价值。他说自己很喜欢目前的工作，因为产品部偏重于技术研发，与自己的专业知识相吻合，更能发挥自身优势，并且能够为自己提供足够的生活保障。

> 【案例分析】 跳槽似乎代表着不稳定和浮躁，然而龚工的3次换工作经历却使他成功地从传统的加工行业转行到电子行业。不难看出，支撑他3次跳槽的根本资本是自身过硬的职业技能水平。业务硬、能力强，才能不断收到企业抛来的"橄榄枝"，进而站在更高的位置。而更高的位置反过来又不断磨炼、提高自身的职业技能，帮助自己实现人生价值。

任务一 认 识 技 能

一、能力的含义

能力是完成一项目标或者任务所体现出来的综合素质，能够直接影响活动效率，是一种使活动顺利完成的个性心理特征。按照获得的方式可以将能力分为先天能力和后天能力两种形式。先天能力或能力倾向即人们通常所说的"天赋"，具有高水平的专长，善于在活动中进行创造性思维，取得突出而优异的活动成果，达到常人难以达到的程度。但能力低下者和天才极少，能力一般者占绝大多数。后天能力即经过后天学习和不断练习培养而形成的能力，如阅读能力、理解能力、表达能力等。

戴维斯与罗圭斯特等人在20世纪60年代提出明尼苏达工作适应论（见图4-1）。该理论认为，选择职业或生涯发展固然重要，但就业后的适应问题更值得注意，尤其对障碍者而言，在工作上能否持续稳定，对其生活、信心和未来发展都是重要的课题。他们认为每个人都会努力寻求个人与环境之间的符合性，当工作环境能满足个人需求，又能使人顺利完成工作上的要求时，符合程度随之提高。不过，个人的需求会变，工作的要求也会随时间或经济情势而调整。通常情况下，工作适应论的运用主要表现在三个方面：一是基于人与环境匹配的最佳职业选择；二是对于不匹配的调整；三是加强技能训练。

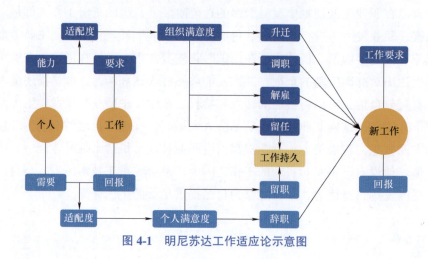

图 4-1 明尼苏达工作适应论示意图

二、技能的含义

《辞海》将技能定义为：运用知识和经验执行一定活动的能力。技能作为一种活动方式或动作方式，是行为和认知活动的结合。技能是通过一定的方式后天习得的，技能的发展和提高是一个面向目标不断熟练的过程。同时，技能和知识密不可分，练习或者掌握某项技能时，必须运用存储在大脑中的先决知识来指导活动。

技能可分为技术类、管理类、人际互动类的技能。技术类技能是具有工作单位相关的概念、方法与工具应用的能力；管理类技能是个人能够有效监督与管理他人的能力；人际互动类技能是有效与他人沟通及互动的能力。此外，技能还可分为基本技能和一般性技能。基本技能是指作为发展更深度技能的必要基本技能，比如读写能力、计算能力；一般性技能包括问题解决、团队合作及增进个人学习与表现的能力等。

【拓展阅读】

什么是多元智能理论？

霍华德·加德纳是世界著名教育心理学家，其最为人知的成就是"多元智能理论"，因此他被誉为"多元智能理论之父"。《纽约时报》称他为美国最具影响力的发展心理学家和教育学家之一。

传统智力理论认为语言能力和数理逻辑能力是智力的核心，智力是以这两者整合方式而存在的一种能力。针对这种仅徘徊在操作层面，而未揭示智力全貌和本质的传统的有关智力的狭隘定义，20世纪80年代哈佛大学认知心理学家加德纳提出了多元智能理论，定义智能是人在特定情景中解决问题并有所创造的能力。他认为我们每个人都拥有八种主要智能：言语（语言智能）、逻辑（数理智能）、视觉（空间智能）、身体（动觉智能）、节奏（音乐智能）、交流（人际交往智能）、自知（自省智能）、自然智能。他提出了"智能本位评价"的理念，扩展了学生学习评估的基础。多元智能理论认为几乎每个人都是聪明的，但聪明的范畴和性质呈现出差异。学生的差异性不应成为教育上的负担，相反，它是一种宝贵的资源。我们要改变以往的学生观，用赏识和发现的目光去看待学生，改变以往用一把尺子衡量学生的标准，要认识到每位学生都是一个天才，只要我们正确地引导和挖掘他们，每个学生都能成才。

任务二　技能世界探索

一、职业技能的含义

职业技能是指能够帮助达成某职业任务的技术性技能，是在进行相关职业活动开展中所应具备的指导具体工作的各项发展能力的统称，即"职业化"和"专业化"。职业技能的基础是职业，职业取决于进入的门槛，比如社会上总是将进入门槛高的工作称为职业。职业技能的高低来自工作或者劳动的复杂程度，工作复杂程度越高，所需要的职业技能越高。职业技能列举见表4-1。

表 4-1　职业技能列举

战略决策	组织管理	执行监控	沟通影响	变革成长
战略理解与执行	培养下属	责任心	影响说服	抗压能力
客户导向	团队建设	积极主动	人际关系经营	灵活应变
结果导向	授权管理	诚信正直	沟通能力	自信心
分析判断	任务分配	严谨细致	亲和力	自我提升
决策能力	绩效管理	情绪控制	感召力	学习能力
	规划安排	自主独立	协调能力	创新能力
	成本管理	问题解决	激励他人	社会适应
	团队合作	信息收集		职业稳定性
		客观理智		
		监察反馈		

美国心理学家辛迪·梵和理查德·鲍尔斯把职业技能分为专业知识技能、自我管理技能和可迁移技能。

1）专业知识技能。专业知识技能常常与我们的专业学习或工作内容直接相关，一般用名词来表示，不能迁移，需要经过有意识的、专门的培训。它的重要性常常被夸大。专业知识技能并非只能通过正式专业教育才能获得。它的获取途径包括学校课程、课外培训、辅导班、自学、专业会议、讲座或研讨会、资格认证考试、证书、上岗培训、爱好、娱乐休闲、社团活动、家庭职责等。

2）自我管理技能。自我管理技能经常被看作个性品质，被用来描述或说明人具有的某些特征，通常以形容词和副词的形式出现，可以从非工作领域转换到工作领域，需要练习。自我管理技能在工作中对取得成就和处理人际关系是不可缺少的。它是成功所需要的品质，是个人最有价值的资产，如精通的、有效率的、吃苦耐劳的、有想象力的、活跃的、有条理的、逻辑性强的、占统治地位的等。它的获取途径通常为榜样的力量、认同与练习、观念的多元化、自我认知的提高、意志力的培养、丰富的精神生活。

3）可迁移技能。可迁移技能也被称为通用技能，是指通过学习能够用在另一份工作上的技能，通常用行为动词来表达，可以从生活中的方方面面得到发展，而且可以迁移应用于不同的工作之中，是个人能够持续运用和依靠的技能。它的获取途径通常为参与实践、归纳总结、观察学习、模仿体会、专业训练、实习培训等。

二、技能和职业

技能直接影响职业活动完成的效率。每个职业和职位都对从事该项活动的人有一定的要求，即与该职位相应的能力。如果职业技能无法与职位相匹配，那么个体会产生不适应感，进而影响工作的热情与工作任务的顺利完成。例如，对从事会计、统计等职业的人员要求有较强的计算能力，对从事设计、建筑等职业的人员要求有较强的空间判断能力等。人的各方面能力的发展是不平衡的，长处和短板并存。对职业选择而言，个体应主要考虑自己的最佳能力，选择最能运用其优势能力的职业。在自身优势能力的基础上将职业活动的效率最大化，对个人职业生涯规划至关重要。

技能是顺利有效地完成某种职业活动所必需的心理条件。了解和认识自身技能及所从事职业的能力要求，只有在个人能力范围内，职业生涯规划才是可行的，才是符合社会发展的。对任何一种职业而言，要使职业得以顺利进行，都必须具备相应的职业技能。技能在个人职业生涯中越来越显现出其重要性，了解自己的能力结构和能力倾向，才能更好地发展自己，确定自己的职业方向。美国大学与雇主协会（NACE）研究表明，雇主们重视的技能排序为：①沟通能力；②积极主动性；③团队合作精神；④领导能力；⑤学习成绩；⑥人际交往能力；⑦灵活性/适应能力；⑧专业技术；⑨诚实正直；⑩工作道德；⑪分析和解决问题的能力。由此结果可以看出，学习成绩、专业技术这类知识技能分别排在第五和第八，可迁移技能如沟通能力、领导能力、人际交往能力分别排在第一、第四和第六，而排在第二、第三的都是自我管理技能。美国劳工部及美国职业生涯发展协会（NCDA）的调查结果也显示，雇主们非常重视员工的自我管理技能和可迁移技能。

任务三　技能与职业生涯规划

一、个人技能探索

【探索活动】

（一）成就故事活动

21世纪对人才的精确概括是素质。高素质人才是有道德、有品质、有文化、有工作能力的人。技能已经成为做好职业生涯规划的重要着眼点，是个体立足于竞争市场的永恒优势。请写下生活中令你有成就感的具体事件并对其进行分析，看看你在其中使用了哪些技能。

这些成就故事不一定是工作或学习上的，也可以是课外活动或家庭生活中发生的，比如同学聚会、一次美好而难忘的旅游等。它们不必是惊天动地的大事，只要符合以下两条标准就可以被视为"成就"：你喜欢做这件事时体验到的感受；你为完成这件事而感到自豪。

在撰写成就故事时，每一个故事都应包含以下要素：

1）你想达到的目标，即需要完成的事情。

2）你面临的障碍、限制或者困难。

3）你的具体行动步骤，即你如何一步步克服障碍、达成目标。

4）对结果的描述，即你取得了什么成就，最好能够量化评估（用某种方法衡量或以数据说明）。

（二）可迁移技能评估表

请在表4-2中，对自己的现有能力做出低、中、高的评估。

表4-2　可迁移技能评估表

技能领域	技　　能	高	中	低
管理	计划组织			
	分派职责			
	命令			
	关注细节			
	评价同学、同事及自己的工作绩效			
	利用数据库和相应的软件来组织和呈现信息			
	灵活性			
	同时管理多项任务，分出先后顺序			

（续）

技 能 领 域	技　　能	高	中	低
沟通	倾听、提问的技巧			
	提供信息			
	接受信息			
	记录回答、报告等，并将文件做专业的分类			
	向大/小规模的群体展现信息			
	让别人接受你的观点			
	协调能力			
	掌握一门外语			
	自信和独特地表达自己			
	利用电子手段来交流——通过网络和电子邮件来呈现、交换信息			
问题解决	分析问题			
	处理抽象的问题			
	对于同一个问题提出多种解决方法，挑选出最合适的一种			
	利用批判性的思考方式来看待各种因果关系			
	设置并达到目标			
	创造性地思考			
人际关系	领导一个团队			
	衡量和评价他人的工作			
	解决问题和冲突			
	激励别人			
	为别人提供激励和支持			
	了解工作环境和人们的需要并做出适当的回应			
	和不同的人很好地共事			
	教导和培训他人			
学习	善于发现并记录			
	好奇心			
	勤奋并有毅力地工作			
	坚持学习、克服障碍			
	利用光盘和网络数据库来存储知识			
	利用网络来做研究			

二、个人技能培养

科学技术的迅猛发展使多学科交叉融合、综合化的趋势日益增强。当今时代，企业需调整某些部门的年龄构成或合并某些业务部门，或职工出现不能适应工作的情况等，都可能发生职务轮换。因此，技能的组合变得至关重要。如何成为高质量的"复合型""创新型"人才以满足形势发展的需要，是摆在我们每个人面前十分突出的问题。

要加强自身能力建设，提高综合素质。如果就业能力结构与职业要求相符，人的职业适应性就强，反之则弱。同时，人还可以通过就业能力的补偿效应来增进人的职业适应性。所谓就业能力的补偿效应，是指在个体的就业能力内部之间的相互替代或补偿作用，以维持活动的正常进行。这种补偿不仅发生在不同能力之间，而且表现在气质与能力、性格与能力和个性的积极性与能力之间的互补互替。例如，"勤能补拙"就是性格与能力之间的补偿，"熟能生巧"是活动对能力的增进，"兴趣是最好的老师"也说明人可以培养兴趣而克服能力上的欠缺。在职业活动中，无私、正直、勤奋、诚实、守信、坚定、勇敢等优秀职业品质是人们在工作上做出成绩的必要条件。同时，良好的职业精神也是处理好各种人际关系所不可缺少的要素。

提前做好职业生涯规划，提高职业获取能力和就业能力。大学生可以在课余时间利用多种渠道，如大型人才网、区域网、企业网及当地定期或不定期的招聘会，不断关注就业信息，了解社会热门职业、自己所学专业在当前和未来社会中的地位及不同专业方向的社会需求状况。通过了解这些就业信息，大学生在校学习期间就能感受到就业压力，明确自己的学习方向，促进学习的积极性和主动性，提高学习质量。同时，大学生可以对所学专业、自身潜力、将来职业发展等做出适当的评估和规划。职业规划的意义在于寻找适合自身发展需要的职业，实现个体与职业的匹配，体现个体价值的最大化。为此，大学生首先要准确地评估自己掌握的知识和技能，这是职业规划的基础。其次，为了在就业中达到人职匹配的目标，大学生应不断增强职业意识，进行职业规划。这样有利于制定正确的学习目标和计划，建立合理的知识结构，做好求职准备，增强学习的主动性和目的性，养成终身学习的习惯，有效提高就业意愿和就业能力。此外，大学生应积极参与社会实践，提高职业适应能力；积极参加课外活动和各种社团活动，主动承担学生会工作，不断提高自身综合能力。

【拓展阅读】

比亚迪职业生涯人物访谈记录

1. 比亚迪汽车事业群配电连接系统工程师谢工

问：您认为做好这份工作应该具备哪些知识、技能和经验？

答：最基本的是精通专业知识，此外还要了解汽车等相关领域的知识，包括大学期间的电力学知识及中学期间的基础知识。掌握软硬件的相关知识就可以做高级系统工程师，获得更高的薪资，在掌握技术的同时还需要具备出色的管理能力。

问：在这个职位上，如果想获得成功必须拥有并保持什么样的能力？

答：技术拔尖，在工作态度上要积极向上、主动，热爱学习，学习更多相关专业知识。同时，还要有意识地培养自己的管理能力。

问：目前您还缺乏或需要改进的能力有哪些？计划怎么改善？

答：管理能力。多读书，多向别人学习，在沟通交流中成长。

2. 比亚迪轨道交通事业群概预算工程师何工

问：您认为做好这份工作应该具备哪些专业知识、技能和经验？

答：把学校学的专业知识运用到工作上，在工作中积累经验，除此之外，还需要具备与他人沟通交往的能力，以及细心好学。

问：在这个职位上，如果想获得成功必须拥有什么能力？

答：在目前这个职位上，如果想要取得成功，我需要学习更多工作中涉及的知识，积累更多的工作经验，把知识和经验汇合并总结成自己掌握的指标，运用到工作中，考取本专业相关证书，为自己的职业生涯添砖加瓦。

问：目前您还缺乏或需要改进的能力有哪些？计划怎么改善？

答：我认为自己目前接触的工作面还算比较广泛，但其中一些方面的知识还有所欠缺，所以我还需要花更多的时间去了解和学习。接触新的工作，发现疑问及时请教经验丰富的同事，也可以通过各种渠道如书籍、网上教学视频等积累经验。

3. 比亚迪电子事业群电气助理工程师韦工

问：您认为做好这份工作应该具备哪些专业知识、技能和经验？

答：不管在深职院还是步入社会，我都一直在积累知识，我认为基础知识还是很有必要的。学校教会了我很多东西，记得以前老师说："经历过学习，如果未来在工作中遇到了问题，可能不能直接获得解决的办法，但会知道如何找方法去解决。"我觉得这句话很有道理，因为在工作中有了积累，能更灵活地处理问题。

问：在这个职位上，如果想获得成功必须拥有什么能力？

答：一是丰富的知识及技能；二是持续学习的心态；三是协调各方的联系，果断处理异常问题。

问：目前您还缺乏或需要改进的能力有哪些？计划怎么改善？

答：我觉得是深度的知识。因为我做的是偏向于技术类的工作，有时候也需要对外进行沟通，所以希望公司能够安排一些关于沟通交流的培训，这样不仅能提高我们对外沟通的能力，还能更好地处理团队间的关系，减少一些由沟通不顺畅造成的麻烦。我有进一步提升学历的想法，之前也考取了工作相关证书，未来希望自己能够接受更多的培训。

模块四 掌握轻松工作的方法——技能探求

【模块总结】

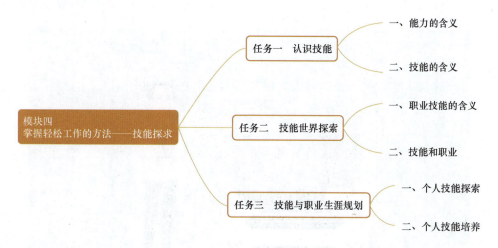

【榜样力量】

汽车修理工刘钧获评"全国技术能手"称号

在北京召开的全国第十五届高技能人才表彰大会上，来自南京市江宁区的汽车修理工刘钧获评"全国技术能手"称号。全国高技能人才评选表彰是我国技能人才领域最高的政府奖项，受到表彰的高技能人才均是本行业、本工种最高技术水平的突出代表。

"科班出身"的刘钧于2004年进入汽车4S店从事汽车修理工作，说起刘钧的修车手艺，同事和客户都纷纷竖起大拇指。"常说在汽修行业学徒三年小成、五年大成，他7个月便出师了，可以独立修理常见的汽车故障。"和刘钧共事多年的企业负责人说，"工作中的刘钧勤奋刻苦，在业内小有口碑，常有外地车主特地赶来找他修理汽车，是企业的金牌修理工"。

刘钧说，他从小就喜欢拆家里的各类玩具、电器，毕业后进入汽车4S店工作，为了学到更多的修理技术，他"零工资"工作了一个月。"那时候就一心想着多学点技术，虽然本可以找到工资多一点的工作，但还是想趁年轻多学点手艺。"刘钧说，他从心底里喜欢汽车修理工作，一个问题解决不了，整个人都打不起精神来，连吃饭都没有胃口。他说："看到车辆重新正常起动是一件很有成就感的事情。"

（资料来源："学习强国"学习平台，有删改）

【向榜样看齐】 为了学到更多的修理技术，刘钧"零工资"工作了一个月，荣誉称号不仅是对刘钧技能的认可，更是他对追求卓越的工匠精神的展现。对任何一种职业而言，要使职业得以顺利进行，都必须具备相应的职业技能。了解自身的能力结构和能力倾向，才能更好地发展自己，实现个人价值。

【比亚迪前辈对你说】

模块五　倾听自己内心的声音——价值观探析

【学习目标】

知识目标	认识价值观
	了解价值观的激励作用
	学会使用价值观拍卖和价值观测试两个实践工具
能力目标	明晰自己的价值观
	将价值观与职业相结合,包容他人价值观的多样性
	在进行职业决策时能够有意识地运用自己的价值观作为评价标准
思政目标	结合社会主义核心价值观,将个人的追求和发展合理地融入社会和国家的需求中,做出合理的职业生涯决策和规划,实现最优发展

【导入案例】

　　章总监,2012年毕业于深圳职业技术学院汽车技术服务与营销专业,现任比亚迪汽车事业群销售总监。

　　刚踏入社会时,他也如许多普普通通在深圳这座城市打拼的年轻人一样,稚嫩、懵懂,有着不服输的闯劲。第一年,他是一张崭新的白纸,只能从底层的销售助理做起。这个工作要花很多时间和精力,基本全年无休,手机要一直保持开机状态,一旦电话进来就要开始工作。节假日有团购或者车展,要提前制定活动方案,并且要将信息传递给客户,打电话邀约等。那时的他对工资很敏感,很在乎自己每个月发到手的实际工资,也会对突如其来的加班感到十分排斥。

　　但他一直坚守在这个行业、这个岗位,"心态好,有上进心,持之以恒地做适合自己的工作,不要三天热度就打退堂鼓"是他前行路上的箴言,而且他觉得,他很适合销售这个岗位,因为他喜欢与人打交道,并且自律性强。几年后,他渐渐习惯了这种工作节奏,工作带来的成就感成了鞭策他前进的动力。他不再觉得工作是负担，而是觉得在为自己做事，为自己打拼事业。对于非工作时间前来的客户，他也不再感到烦恼，而是觉得这是新的资源，是一件值得开心的事情。家人对他的工作很满意，只是他陪伴家人的时间少了一点，但他工作稳定，而且通过奋斗在深圳买了房，为家人提供了一个落脚的地方，提高了他们的生活质量，这也是人生价值的体现。同时，在工作上，他能够得到公司的信任，负责一个店面的运营，也算是一点小成就。

在他看来，收入并不是唯一的衡量标准，做销售的收入不会比做管理的少，做销售服务的是客户，做管理服务的是团队中的每个成员，个人能得到这么多同事的认可，也是一件值得骄傲的事情。他给自己设置了严格的职业生涯规划：20~25岁，要保证自己的汽车销售知识、业务能力不会比同龄人差，争取在同龄人中处于领先地位，让公司看到自己的潜力；25~30岁，争取成为公司的中流砥柱，业务水平排公司前三，业绩能得到公司的认可；30~40岁，往管理层发展，带好一支团队；40~50岁，争取自己入股，帮公司开拓新市场，重新组建团队，拓展新业务。"平凡但不平庸"，是他对自己的要求。

> 【案例分析】通过章总监对自己职业的描述，我们可以看到他心态的转变，而心态转变的背后实际是价值观的激励作用。马斯洛提出，人有五个层次的需求：生理需求、安全需求、归属需求、尊重需求和自我实现的需求。刚开始时，章总监会追求工资待遇，因为这是自己生活的经济保障；随着年龄的增长，成家立业后，他更偏向于工作的稳定性及工作环境与条件；在取得一定的成就后，他开始追求自我价值的实现——个人事业的成功。价值观对他的激励作用展现得淋漓尽致。

任务一　认识价值观

2014年5月4日，习近平总书记在北京大学师生座谈会上指出，青年的价值取向决定了未来整个社会的价值取向，而青年又处在价值观形成和确立的时期，抓好这一时期的价值观养成十分重要。这就像穿衣服扣扣子一样，如果第一粒扣子扣错了，剩余的扣子都会扣错。人生的扣子从一开始就要扣好。"凿井者，起于三寸之坎，以就万仞之深。"青年要从现在做起、从自己做起，使社会主义核心价值观成为自己的基本遵循，并身体力行大力将其推广到全社会去。

一、价值观的含义

价值观是基于人的一定的思维感官而做出的认知、理解、判断或抉择，也就是人认定事物、辨别是非的一种思维或取向，从而体现出人、事、物一定的价值或作用。价值观具有稳定性和持久性、历史性与选择性，以及主观性的特点。

价值观并不是一成不变的，它会随着个人的身心条件、年龄阅历、教育状况、所处环境等发生变化。自新中国成立以来，各个阶段的中国人都有着特征明显的价值取向，并随着生产力和经济的高质量发展发生巨大变化。

新中国成立初期，百废待兴，这片千疮百孔的土地终于迎来了光明，这个阶段的人民深知新中国成立的不易，很多人经历了战争，因此有着强烈的爱国主义精神，也正因为经历过硝烟弥漫的战场，所以十分珍惜来之不易的和平生活，对他们而言，吃饱穿暖就是最大的满足。当全体人民迎来了全面建设社会主义时期，国家大兴基建工程，各类国营工厂如雨后春笋般应运而生，"劳动最光荣"是每个工人响亮的口号，这个阶段的人民开始对生活质量有所追求。改革开放以来，我国经济飞速增长，国家内部环境的稳定和市场经济的开放使全体人民有了更大的发展空间，科教兴国战略的提出明确了"科学技术是第一生产力"这一指导思想，这个阶段的人民开始对实现自我价值有所追求。这就是我们常说的各个年代的人都有其不同的特征，其背后是价值观的映射作用。

二、价值观的分类

各国学者都对价值观的分类进行了探析，以下主要介绍斯普兰格的六种价值观。

1）理论型价值观：以发现真理为乐趣，致力于探索事物间的联系与区别，求知欲强，自制力强；生活的主要目的是将自己的知识系统化、条理化。

2）审美型价值观：以外形协调与匀称为中心，认为美的价值高于一切，重视形象的美和心灵的和谐。

3）政治型价值观：以权力地位为中心，有领导与支配他人的愿望与才能，自信满满、活力充沛，生活中讲原则、守秩序，对人对己要求严格。

4）社会型价值观：以爱护与关怀他人为中心，投身于社会建设，重人际交往，甘于奉献，随和善良。

5）经济型价值观：以实际与效用为中心，趋向功利，重财力、物力、人力和效能。

6）宗教型价值观：以坚定信仰和重视命运为中心，自愿克服低级冲动，乐于沉浸在高尚、圣洁的心理境界中。

为了更好地理解这六种价值观，我们来看以下案例。

【案例】某企业为了适应激烈的市场竞争，决定开展一项新型投资项目，由小张负责。在会议中，小张详细阐述了投资项目的各项指标，但你敏锐地发现该项目投资计划书中的预测方法有缺陷。A（财务部经理）提出了反对意见，但其反对的原因是公司运营吃紧，投资失败可能导致公司破产，你和A私下关系很好。同时，B（投资部经理）大力支持该项目，因为这是他们部门近期重点打造的一个项目，项目风险虽大但收益非常高，而B在不久后非常有可能成为你的直属领导。此时，需与会人员举手表决是否通过该项决策，你将如何抉择？

【分析】

1）投反对票。如果你反对该项目的主要原因是项目投资计划书中采用的预测方法有缺陷，且在你提出后小张一直拒绝承认该缺陷，而你坚持要他修正这个错误，否则你不同意该项目，那么你的价值观是理论型的。在理论型价值观的人眼中，世界是两维的，非对即错，无法接受事物的非系统化。如果你反对该项目的主要原因是 A 的反对，而你跟他私下关系较好，这让你无法不和他保持一致，那么你的价值观是社会型的。因为在社会型价值观的人眼中，人际交往很重要，他们尤其看重重要的人的看法。

2）投支持票。如果你支持该项目的主要原因是其前景无限，高收益与高风险始终是同时存在的，那么你的价值观是经济型的。在经济型价值观的人眼中，结果是风向标，没有比未来的结果和成就更重要的了，如此高收益的项目一定不容错过。如果你支持该项目的主要原因是 B 很有可能成为你的直属领导，投支持票是为了和这个未来上司建立友好关系，立场相当重要，那么你的价值观是政治型的。在政治型价值观的人眼中，权力与地位更为重要，谋略和圈子是要考虑的主要因素。

3）弃权。如果你弃权的主要原因是无法容忍有缺陷的投资计划书，这个瑕疵让你内心十分抓狂以致不能忍受，那么你的价值观是审美型的。在审美型价值观的人眼中，零缺陷、和谐形式的美感是其毕生追求。如果你弃权的主要原因是两边都不想得罪，因此提出了请外部专家或更高层领导来参与决策，那么你的价值观是宗教型的。在宗教型价值观的人眼中，没有争执和纷扰，和平是他们的理想追求。

大学生在进行决策时，会有多项考虑因素，但最主要的那个因素就是自己的主要价值取向。斯普兰格认为，大部分人是混合型价值观，没有谁是绝对属于某一种类型的。

三、价值观的激励作用

马斯洛提出，人有五个层次的需求——生理需求、安全需求、爱与归属的需求、尊重需求和自我实现的需求，如图 5-1 所示。个体追求满足不同层次的需求即为价值观的激励作用，导入案例中章总监的经历便体现了价值观的激励作用。

（一）生理需求

生理需求是最基本层次的需求，包括衣、食、住、行等方面的需求。人所有其他的附加值都以此为基础而存在，保障自己的生存是每个人最基本的需求，人会对周边所处环境有所要求，希望所处社会能够为自己提供基本的生存条件。在这个阶段，相对应的价值观就是维持个体生存，获得生存所需的物资。

（二）安全需求

安全需求是保障安全稳定、免除恐惧威胁的需求，包括就业、健康、财产、资源得到保障。人在保障自己的生存后，会追求安全感，以保障自己安全、长期、有质量的生存。这个阶段，人会要求摆脱失业的痛苦，避免财产丢失的痛苦和拥有可持续发展的资源。因此，此阶段相对应的价值观就是安全感、职业稳定、社会制度健全、有一定的幸福指数。

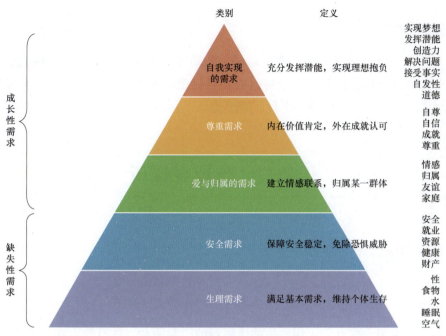

图5-1 马斯洛需求层次模型

（三）爱与归属的需求

爱与归属的需求包括两个方面的内容。一是爱的需求，即与他人建立情感联系。亲情、友情、爱情等感情都是人与人之间联系的纽带。人希望爱别人，也希望得到别人的爱。这个阶段的需求不再是生理需求，而是升华到情感需求。人的情感世界十分丰富，这与个体的境遇、受教育程度和家庭背景等外界条件有着一定的关系。二是归属的需求，人是社会性动物，都希望自己归属于一个群体，是群体的一员，并相互关心，彼此照顾。因此，此阶段对应的价值观就是集体归属感、情感联系、纯粹友谊、家庭美满等。

（四）尊重需求

尊重需求包括两个方面的内容，即内部尊重与外部尊重。内部尊重是个体的自尊，个体对自己十分认可，希望自己有能力、有信心、独立自主且能适应各类环境。外部尊重是环境内其他人对个体的尊重，因个体对他人有所奉献或取得重大成就等而受到其他人的尊重和信任，是个人荣誉感的满足。这个阶段的人对自己充满信心，对社会满腔热情，能充分感受到自己存在的价值与意义。因此，此阶段对应的价值观就是自尊自爱、自信满满、有所成就、受人尊重等。

（五）自我实现的需求

自我实现的需求是最高层次的需求。它是指个体所能达到的与自身理想、抱负、能力相对应的峰值。人人都有理想，但绝大多数人终其一生都无法实现自己的理想。人的潜力无限大，但并非所有人都能挖掘自己的潜力、找到适合自己的位置。这个阶段的人希望能充分发挥潜能，实现理想抱负，做与自己能力相当的工作，不断探索能力的最大限度，对自己有着严格要求，使自己成为所期望成为的人，这让他们感到无比快乐。因此，此阶段对应的价值观是实现梦想、发挥潜能、自觉自省、有创造性、投身于对社会有贡献的事业等。

【探索活动】

每人拿一张白纸,横向对折,在中部画一条横线,末端加上箭头。在横线的起始点标上 0,箭头处为目前自己的年龄。想想过去让自己值得骄傲的事情,在横线上标出大概时间。以小组为单位,每个人分享一下自己的感受。

任务二 价值观探析

【探索活动一】

个人价值观探析

假设你正在参加一次有关工作、生活价值观的拍卖活动。所有拍卖物品的底价都是 500 元,每次竞拍报价需要以至少 100 元但不超过 1000 元的幅度上升,每种物品只能由一个人购得,现在你手里有 5000 元。请浏览表 5-1,然后决定你将如何参与竞拍。

表 5-1 价值观拍卖表

价值观	为此分配的金额	最高报价	成交价
家庭			
健康			
自由			
安全感			
成功			
爱			
和谐			
探险			
自然			
创造价值			
信仰			

【探索活动二】

价值观测试

不同的价值观决定着不同的求职择业行为与成功方式。普遍来说,在出身贫寒的求职者中，出人头地的思想占支配地位；而在出生于富裕家庭的求职者中，享乐型的思想观念占主要地位。表 5-2 为价值观自我诊断表。

表 5-2　价值观自我诊断表

题号	选项 A	选项 B
1	即使有所损失，以后再挣回来	没有确实可靠的盈利就不着手做
2	国家的繁荣是经济力量在发挥作用	国家的繁荣是军事力量在发挥作用
3	想当政治家	想当法官
4	凭衣着打扮或居住条件了解他人	不想凭外表推测他人
5	养精蓄锐，以便大刀阔斧地工作	必要时愿意随时献血
6	想领个孤儿抚养	不愿让他们留在家中
7	买能把家人装下的大型汽车	买外形美观、颜色好看的新型汽车
8	留意自己和他人的服装	无论自己的事还是他人的事，全都不放在心上
9	结婚前首先确保自己有房子	不考虑以后的事
10	被认为是个照顾周到的人	被认为是有判断力的人
11	生活方式同他人不一样也行	其他人家里有的东西我也想有
12	为能被授予勋章而奋斗	暗地里帮助不幸的人
13	自己的想法比别人的正确	必须尊重他人的价值观
14	最好婚礼能上电视，而且有人赞助	希望把自己的婚礼搞得比别人更气派
15	被认为是手腕儿高、能推断将来的人	被认为是处事果断的人
16	店面虽小，也想自己经营	不干被人轻蔑的工作
17	对法定的佣金、利息很关心	关心自己的能力和适应性
18	在人生道路上不获胜就感到无意义	认为人应该互相帮助
19	社会地位比收入更有吸引力	与社会地位相比，安定最实惠
20	有重视社会的惯例	经常被邀请主持婚礼
21	同独身生活的老人交谈	为别人做事嫌麻烦
22	度过充实的每一天	在还有生活费时不想干活
23	有空闲时间就想学习文化知识	考虑被他人喜欢的方法
24	想一鸣惊人	生活平平淡淡，同别人一样就行了
25	用金钱能买到别人的好意	在人生中必需的是爱而不是金钱
26	一考虑将来就紧张不安	对将来能否成功置之度外
27	伺机重新大干一番	关心发展中国家人们的生活
28	该尽量利用亲戚	同亲戚友好地互相帮助
29	愿变为狮子	愿变为熊猫
30	严格遵照作息表，生活有规律	不想忙忙碌碌，愿轻松生活
31	有空的话，阅读成功者的传记	有空的话，看电视和睡觉
32	干不赚钱的事是没意思的	通常请客送礼给他人
33	擅长于决出胜负的事情	擅长于改变家居布局和修理东西
34	对自己的行动有信心	注意与对方合作
35	有借于人，但不借物给别人	忘记借进、借出的东西
36	不认为人生由命运决定	被命运摆布也很有趣

诊断方法如下：

1）上述 1~36 题有 A、B 两种观点与态度，比较同一题中的 A 与 B，把同自己平时考虑的相接近的画"○"，两者都不符合的在 A、B 选项上画"△"。

2）画"○"者得 2 分，画"△"者得 1 分，把Ⅰ~Ⅸ的得分分别按纵向累计，计入价值观测试得分表（见表 5-3）。

3）判断：价值态度不明确，分数就会分散，得分超过 12 分的，就不妨把它看作你的"价值观"。

表 5-3 价值观测试得分表

题号	Ⅰ	Ⅱ	Ⅲ	Ⅳ	Ⅴ	Ⅵ	Ⅶ	Ⅷ	Ⅸ	题号	Ⅰ	Ⅱ	Ⅲ	Ⅳ	Ⅴ	Ⅵ	Ⅶ	Ⅷ	Ⅸ
1	A	B								20							A	B	
2		A	B							21								A	B
3			A	B						22						A	B		
4				A	B					23					A	B			
5					A	B				24				A	B				
6						A	B			25			A	B					
7							A	B		26	A	B							
8								A	B	27	A	B							
9						A	B			28		A	B						
10					A	B				29			A	B					
11				A	B					30				A	B				
12			A	B						31					A	B			
13			A	B						32					A	B			
14		A	B							33							A		B
15	A	B								34							A	B	
16	A	B								35						A	B		
17		A	B							36					A	B			
18			A	B															
19				A	B														
合计										合计									

Ⅰ——独立经营型

独立经营型也称非工资生活者型。这种类型的人不受别人指使，凭自己的能力拥有自己的"小城堡"，不愿受人干涉，想充分施展本领。

Ⅱ——经济型

经济型也称经理型。这种类型的人确信世界上的所有幸福都可以用金钱买到，他们认为人与人之间的关系是金钱关系，连父母对子女的爱也带有金钱的烙印。

Ⅲ——支配型

支配型也称独断专行型。这种类型的人想当上组织的一把手，更重视个人感受，且视此为无比快乐。

Ⅳ——自尊型

这种类型的人受尊敬欲望很强，追求虚荣，优越感也强。他很渴望能有社会地位和名誉，希望常常受到众人尊敬；欲望得不到满足时，由于过于强烈的自我意识，有时反而很自卑。

Ⅴ——自我实现型

这种类型的人对诸如平常的幸福、一般的惯例等毫不关心，一心一意想发挥个性，追求真理。不考虑收入、地位及他人对自己的看法，尽力挖掘自己的潜能，施展本领，并视此为有意义的生活。

Ⅵ——志愿型

这种类型的人富有同情心，他们把他人的痛苦视为自己的痛苦，不愿做表面上哗众取宠的事，把默默地帮助不幸的人视作无比快乐。

Ⅶ——计划型

这种类型的人性格沉稳，做事组织严密，井井有条，并且对未来保持平常心。

Ⅷ——合作型

这种类型的人处理人际关系较好，认为朋友是最大的财富。

Ⅸ——享受型

这种类型的人向往安逸的生活，不愿从事任何有挑战性的工作。

任务三 价值观与职业生涯规划

一、价值观与就业

高职学生在校时间短，且大多数高职院校侧重于职业技术教育，忽视了职业生涯规划教育，导致很多学生毕业时对前途感到迷茫，匆匆忙忙被推向社会的舞台。部分毕业生幸运地走向了符合自己预期的岗位，更多的毕业生则是在摸爬滚打之后才找到自己的"小天地"。当前我国经济增速放缓，产业结构面临改革，就业难度加大。高职学生在职业选择方面会产生更多困惑，而价值观则是去除云雾的"消散剂"。

每个人都有自己的价值体系，如果在职业生涯中找到了自己的价值，那么工作就会变得有意义、有目的，工作于他而言就是一种乐趣，而不是一种桎梏。在求职过程中，我们应倾听内心的声音，不要一味随大流、求体面，要以自己的价值观为指导进行决策，充分发挥自己的主观能动性，在学习过程中有目的性地进行规划，为毕业季求取一份符合自己心意的工作打下坚实基础。

二、价值观与发展

理想信念是青年大学生成长成才的"钙"，是青年人前进方向的"指明灯"。习近平总书记在纪念五四运动100周年大会上的讲话中明确指出，青年理想远大、信念坚定，是一个国家、一个民族无坚不摧的前进动力。

当前，部分大学生价值观与市场经济法则之间存在矛盾，具体表现为职业价值取向存在功利主义、利己主义与拜金主义，职业理想信念模糊。同时，部分大学生敬业精神与奉献精神缺乏，不愿受苦受累，无法做到"做一行，爱一行，精一行"。试问，这样如何实现个人的全面发展？因此，通过价值观教育，加强大学生职业理想信念教育，将新时代大学生的个人理想融入实现中华民族伟大复兴的中国梦征程中，与时代发展保持同步，积极培育新时代大学生良好的职业道德，显得尤为重要。

【拓展阅读】

刘陆媛：健康扶贫路上最美的身影

刘陆媛，2015年毕业于江西卫生职业学院医学检验技术专业，2017年正逢江西于都新医改春风，她辞掉厦门医院的高薪工作，毅然选择回到家乡，通过于都县卫生事业单位招聘考试，来到偏远的宽田乡高龙卫生院工作。作为这场医改注入的新鲜血液，刘陆媛充满热情地投入到家乡的健康扶贫事业中。无论在炎炎夏日还是凛冽寒冬，宽田乡村民总能见到一个穿着白大褂的身影穿梭在村里每家每户，不是在帮助村民检查身体，就是在去看望贫困户的路上。她就是健康扶贫路上最美的身影——刘陆媛。她送去的不仅仅是健康，还有满满的如亲人般的关爱。她立志扎根基层工作，将她在厦门医院所学到的先进医疗经验带回家乡，更好地服务家乡老百姓。

龙山村有两位老人时常因关节炎疼痛来卫生院打针，因行动不便，刘陆媛对他们非常照顾。邓奶奶双腿残疾，长期用轮椅代步，行动受限，都是邱爷爷推着轮椅来卫生院的。每次两人来卫生院看病，刘陆媛都会顺口多问一句邱爷爷降血压的药有没有了，没了要及时带上，认定慢性病之后报销比例会更多。她得知两人因出行不便没去健康体检的时候，便第一时间给两位老人家上门体检并将检查结果及时送到他们家中。邱爷爷很感动，拉着刘陆媛的手一直不停地说："谢谢小刘，你们辛苦了，这么晚了还送结果，真是太谢谢了……"刘陆媛听着心里很暖，她反复叮嘱邱爷爷按时吃药、吃东西少油少盐等一些琐事，由于担心邱爷爷会忘记吃药的剂量，还特地把说明写在了药盒上面。

她在走访时发现，龙山村有一家因病致贫的贫困户，家里的孩子患有严重的精神残疾。

许阿姨身体不好,因需照顾孩子的起居生活,造成家里的劳动力无法正常就业。在一次干农活时,许阿姨的脚受伤,致使家庭情况更加糟糕。得知此事,她立即联系卫生院院长,亲自帮许阿姨免费做了脓液引流手术,并事后叮嘱许阿姨不要碰水、不要落地,要及时换药。她还联系了赣州人民医院,对许阿姨的孩子进行治疗。许阿姨一家人非常感谢卫生院,为卫生院送来了锦旗以示感谢。之后每次上户,他们都会特地摆上一桌农家自制果干并倒上自家酿的米酒,拉着刘陆媛和她的家庭医生团队聊天,一杯一桌都是村民表达感谢朴实的热情,而刘陆媛也热情回馈着这份朴实的爱,竭尽所能地为患者提供帮助,用实际行动生动诠释了一个家庭医生发挥的"健康守门人"作用。

她脚踏实地扎根基层的决心,既是她人生价值的体现,也是她甘愿且无悔的青春选择。漫漫扶贫路,一路艰辛,但充满感动,邱爷爷颤抖的握手,邓奶奶一声深情的谢谢,许阿姨一桌的热情,都是刘陆媛扶贫路上坚持不懈的动力,她用自己的实际行动在健康扶贫路上留下了那道最美丽的身影。

【分析】 刘陆媛获评2019年江西省高校毕业生基层就业典型事迹一等奖,在她的事迹中,我们看到了无私奉献,看到了不畏艰辛,亦看到了当代年轻人的风采。从沿海城市厦门到脱贫攻坚战场的于都县,她始终怀着一腔热忱,如许许多多基层建设者一样,到党和人民最需要的地方去。俗话说:"趋利避害,乃人之本性。"促使她做出这个抉择的是她的价值观。个体的价值观,不以他人意志为转移,不以外部环境为阻拦,根植于内心,驱使每个人做出属于自己的"正确"选择。

【延伸测试】

如果你马上面临就业,请将以下因素进行排序,并写出你的排序理由。

1)薪水高,福利好。
2)工作环境(物质方面)舒适。
3)人际关系良好。
4)工作稳定有保障。
5)能提供较好的受教育机会。
6)有较高的社会地位。
7)工作不太紧张,外部压力小。
8)能充分发挥自己的能力、特长。
9)社会需要与社会贡献大。

【模块总结】

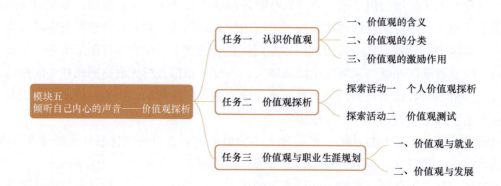

【榜样力量】

心许敦煌——记全国道德模范樊锦诗

2021年11月5日,"德耀中华——第八届全国道德模范颁奖仪式"在北京举行。甘肃敦煌研究院名誉院长樊锦诗被授予敬业奉献类"全国道德模范"荣誉称号。她一生简朴、淡泊名利,这些年所获的奖章、奖状、奖金,她悉数交回单位。"这不是我个人的荣誉,而是归于敦煌研究院几代人。"

1963年,樊锦诗大学毕业来到大漠戈壁中的敦煌。"当初留下,就是对莫高窟有感情。丝绸之路孕育了敦煌,在这片祁连山雪水灌溉的绿洲上,中西文明交流荟萃。古人的智慧和创造,为我们留下了伟大的文化艺术宝库莫高窟。"樊锦诗说。

来到敦煌后,樊锦诗参加了莫高窟南区窟前遗址、敦煌七里镇汉墓等发掘清理工作。她运用考古类型学的方法,完成了敦煌莫高窟北朝、隋及唐代前期的分期断代,成为学术界公认的敦煌石窟分期排年成果。1985—1986年,樊锦诗牵头负责莫高窟的申遗工作,这件事促使她不再限于考古的天地,开始在实践中学习法律、管理学等知识和各类政策,下定决心"把老祖宗留下的遗产管好"。

她的一大贡献,便是用数字化的方法"管好"了风沙中伫立千年的莫高窟。随着时间的流逝,很多壁画已经损坏模糊了,再发展下去,会有全部消失的可能。20世纪80年代末,出于这个担忧,樊锦诗积极探索与国内外机构的交流合作,花了20年时间,做成了高保真的敦煌石窟数字档案。在她的倡导下,敦煌研究院创新旅游开放模式,在我国文化遗产地中率先开展游客承载量研究,并利用敦煌石窟数字档案建成了莫高窟数字展示中心。游客先观看数字电影,了解莫高窟的前世今生,再前往洞窟领略千年前古人留下的慧心妙笔。

樊锦诗卸任敦煌研究院院长,从繁重的管理工作中抽身后,便回归考古本行,接着做"该做的事"——考古报告。退休多年来,樊锦诗每年仍有大半时间在甘肃敦煌。历时10余年编写的《敦煌石窟全集》第二卷《莫高窟第256—259窟考古报告》,是这位半个多世纪前从北大毕业的考古人如今最惦记的事情。

在自称"80后"的樊锦诗眼里,大漠戈壁中一代代人坚守接力,所要做的无非两件事:一是陪伴好莫高窟;二是不断地探索前进。"我相信事情是一棒接一棒地做。我做了我的这一段,现在能做一点是一点。我期待并且相信年轻人会做得更好,继承'莫高精神'砥砺前行,为人类的文化遗产做出新的更大的贡献。"樊锦诗说。

(资料来源:"学习强国"学习平台,有删改)

【向榜样看齐】 一生择一事,大漠护锦绣。住土屋、睡土炕、点油灯、喝咸水,贫瘠的戈壁没有吓跑这个女孩,生活上的困难也没能让她离开。当她第一天踏上这片祁连山雪水灌溉的绿洲,仿佛就注定了她与敦煌之间纠缠不清的缘分。不难看出,樊锦诗的价值观便是竭尽全力守护中华优秀传统文化,在这个价值观面前,家庭、生活水平等其他因素都可以让步,也正是因为有着这个价值观导向,她才能潜心钻研,从而实现自己的人生价值。

【比亚迪前辈对你说】

模块六　编织精彩人生的"网"——工作世界探寻

【学习目标】

知识目标	了解工作世界探寻的内容
	认识外部工作世界探寻的重要性
	熟悉探寻工作世界的理论和方法
能力目标	拓展认识工作世界的思路
	掌握探寻工作世界信息的方法
	学会"职业生涯人物访谈"这一方法并应用于职业生涯规划
思政目标	在探寻工作世界的过程中产生达成目标的原动力，在人岗匹配的基础上收获事业的长足发展，将"小我"融入"大我"，为实现中华民族伟大复兴贡献力量

【导入案例】

刘工于2011年毕业于深圳职业技术学院汽车运用技术专业，在大三上学期便以实习生的身份进入了比亚迪，毕业后如期转正。目前他已在比亚迪工作十余年，现任比亚迪汽车事业群工艺工程师，主要负责比亚迪新车型的研发导入生产、试制实验、生产线员工的线上培训、新进员工的实操培训等相关工作。

汽车行业是制造业，刘工在比亚迪的总部深圳坪山工作，他所在的汽车事业群主要生产的是新能源汽车。新能源汽车的销售量每年都在增长，新能源汽车行业近几年依然处于高速发展扩张阶段，各大企业也纷纷投入新能源汽车市场。他认为，比亚迪在新能源汽车这一领域是比较有竞争优势的。在前景良好的同时，这一行业也存在相应的压力。新车型顺利量产前的试量产阶段是刘工压力最大的时候，特别是下半年的汽车销售旺季。

"脚踏实地，从低做起"是刘工的八字箴言。他建议毕业生刚入行时应从整车或者车辆零部件的工艺做起，这样可以将从学校学习到的理论知识进行验证，也能理解实际的汽车相关知识，不会只停留在理论知识层面。如此一来，后期不管做车型开发、零部件研发，还是车辆生产、整车销售，都有直接的益处，可以做到无缝对接。如果进入比亚迪工作，应届毕业生一般会从助理工程师或实验员做起，经过地区级培训、事业部级培训、工厂级培训、部门级培训，了解公司的背景文化及规章制度等。部门培训后，应届毕业生会在试用期分配工程师或者领班进行传帮带的培训、入职教导，其中包括岗位职责、所负责车型的相关工作、技术要点、注意事项等。

随着经验的累积，刘工参与的工作越来越多，顺利完成多种车型的试制工作并导入生产，建立了他所在的总装工厂的新进员工实操技能培训体系。他说："只有放低了姿态，才能把自己的基础打牢，不能光说不干，理论知识要能转化为实操能力。不管哪一个岗位，只有用心做下去，才能在这个行业有所作为，不要迷茫，一步一步走下去。"

> 【案例分析】从刘工的案例中我们可以看到，他在正式进入职场前进行了实习，也正是实习让他了解了比亚迪公司和工艺工程师这一岗位。结合自身专业与社会发展、国家政策支持，他选定了新能源行业。正因为符合自己的预期，他在这一行业坚持了十余年之久。从籍籍无名到部门骨干，他一直在成长。凡事欲则立，不预则废。大学生在校期间便可积极探索工作世界，顺应时代发展的潮流，结合自己的性格、兴趣及价值观，找到适合自己的工作，并持之以恒。

任务一 认识工作世界

一、工作世界的宏观现实

（一）政治制度氛围

政治制度通过影响在政治制度下的各项制度单元间接地影响着人们的就业活动，进而影响着企业的组织体制，从而直接影响个人的职业发展。与此同时，政治制度和氛围还会潜移默化地影响个人追求，从而对职业生涯产生影响。

（二）经济发展水平

经济发展水平高的地区，企业相对集中，优秀企业较多，个人就业选择的机会也较多，有利于个人职业的发展；反之，经济发展水平落后的地区，个人就业选择的机会就相对较少，个人职业发展也会受到限制。我国地区发展不均衡短时间内将持续存在，而地区发展不均衡带来的"蝴蝶效应"是整个社会都应关注的问题。随着国家的大力扶持，西部人才引进政策的不断完善，逐步呈现"孔雀东南飞"到"孔雀西飞"的社会现象。"到西部去，到基层去，到祖国最需要的地方去"，一批批青年才俊践行着这句响亮的口号，他们默默奉献着自己的青春,在不同的地区发光发热,贡献着自己的力量。

(三)社会文化环境

社会文化环境是影响人们行业、欲望的基本因素,主要包括教育水平、教育条件和社会文化设施等。在良好的社会文化环境中,个人能力受到良好的教育和熏陶,可以为职业发展打下更好的基础。

总体来说,我们现在面临着一个非常好的外部环境:社会安定,法制健全,政治稳定;经济迅速发展;文化丰富、繁荣、自由。

二、工作世界的微观现实

(一)职业环境分析

职业环境分析就是要认清所选职业在社会大环境中的发展状况、技术含量、社会地位、进入要求、劳动报酬等,见表6-1。例如,当前与个人专业或爱好相匹配的热点职业有哪些,发展前景如何;社会发展趋势对所选职业有什么要求,影响如何等。

表 6-1 职业环境分析

职位类别	发展状况	技术含量	社会地位	进入要求	劳动报酬
销售					
人力					
财务					
……					

(二)企业环境分析

企业环境一般包括企业性质、企业文化、业务领域、商业模式、组织结构等。要确定自己适合什么性质的企业、偏向于什么企业文化,从而找到真正符合自己要求的公司。企业环境分析包括企业在本行业中的地位、状况和发展前景,以及企业所面对的市场状况、产品在市场上的发展前景、能够提供的岗位等。

1. 企业性质分析

企业性质分析见表6-2。

表 6-2 企业性质分析

	所有制性质	隶属关系	经济状况	人员规模	福利待遇	地理环境
企业名称1						
企业名称2						
企业名称3						

不同性质的企业对求职者有着不同的要求,择才标准各不相同。企业性质主要包括企业的所有制性质、隶属关系、经济状况、人员规模、福利待遇(包括工资、福利、奖金、住房等)、地理环境等。求职者应事先了解自己心仪的企业性质,再有针对性地进行准备,方可

事半功倍。

2. 企业文化分析

企业文化分析见表 6-3。

表 6-3　企业文化分析

	物质文化	行为文化	制度文化	精神文化
企业名称 1				
企业名称 2				
企业名称 3				

企业文化是全体员工在长期的生产经营活动中形成并共同遵循的最高目标、价值标准、基本信念和行为规范，包括物质文化、行为文化、制度文化和精神文化，是影响企业经营效益的重要因素。如果个人的价值观与企业文化有冲突，难以适应企业文化，在企业中就难以发展，因此在进行企业对比时，企业文化是必不可少的一个因素。

3. 企业实力分析

企业实力分析见表 6-4。

表 6-4　企业实力分析

	竞争实力	发展前景	企业地位	业务领域	产品市场
企业名称 1					
企业名称 2					
企业名称 3					

企业实力分析应包含：竞争实力，即企业在本行业中是具备很强的竞争力，还是处于一个很快将被吞并的地位；发展前景，即企业是力图做大做强还是空有其壳，有没有长久的生命力；企业在社会中的地位和声望如何；企业的产品在市场上的表现和发展前景如何。

（三）行业环境分析

行业环境分析是对目前所从事行业和将来想从事的目标行业的分析，包括行业的发展阶段、国际国内重大事件对该行业的影响、目前行业优势与劣势、标杆企业、资本流向等，见表 6-5。

表 6-5　行业环境分析

行业类别	发展阶段	环境影响	行业优势	行业劣势	标杆企业	资本流向
汽车						
金融						
教育培训						
……						

行业是企业的集合。从事同类产品生产销售的企业或提供类似服务的企业，达到一定的数量，才形成一个行业。例如，汽车行业包括汽车领域产品研发、生产制造、市场销售、售后服务等不同类型具体产品的若干家企业。在同一行业内，人们可以从事不同的职业。例如，同样是从事教育行业，有人憧憬大学教师职业，有人选择办公室主任这样的行政管理职业；同在保险行业，可以做一名奔波于一线的业务员，也可以做人力资源部经理。

此外，还要记住两个原则：第一，无论从事何种职业，都要与自身专业、兴趣爱好及性格特点相结合，切不可因为单纯追求热门而强迫自己从事不喜欢或不擅长的职业；第二，无论从事何种职业，都要秉持着爱岗敬业的精神。一份职业的前景如何，最大的决定因素并非是行业前景，而是自己有没有用心去做、能不能成为某一领域的专家。现代社会专业分工越来越精细，个人只有做好自己的工作，真正做到"人无我有、人有我精"，才会有所建树。

【拓展阅读】

地域（城市）选择的重要性

在地域选择上，一般有三种情况：一是某一区域的坚定拥护者，部分求职者或大学毕业生经常抱定"非北上广深不去"的想法。二是某几个区域的坚定选择者，这些求职者有几个就业地域选择，如自己家乡所在省份或亲属所在省份，希望自己能在这几个区域就业，除了这几个区域外，其他区域一概不予考虑。相对某一地域的坚定拥护者而言，有几个区域选择的大学生具有更大的灵活性，职业选择面更加广阔。三是无区域偏好者，只要职业合适、有发展空间即可，他们对区域无强烈要求。

从有助于求职的角度来看，"第二类"求职者较合适。在确定就业地域时，应多一点选择，拓宽择业的范围。"第三类"求职者的求职成功率最大，只要职业能适合自身发展，可以完全抛弃原有的地域思维定式。如果一定要以城市为优先，求职者应选择自己目标城市的活跃行业，否则职业发展的机会就很小了。

任务二 工作世界探寻

一、形成预期职业库

很多大学生不知道如何进行工作世界的探寻，其中一个很重要的原因就是工作世界的信息浩如烟海，根本搞不清应该从哪儿入手，更谈不上如何进行了。如果有一个探寻范围，则会容易很多。前面章节的自我探索可以帮助个人初步形成一个探索的范围，自我探索中的性格、兴趣、技能、价值观探索，每一部分最后有相应适合的职业出现。此外，每个人都有理想的职业，可以通过头脑风暴的形式把它们列出来。这样就获得了一个职业清单，看看这些职业有什么共同点，就可能启发你想到更多值得探寻的职业。结合你的专业和个人能力，从职业清单中进行筛选，最终得到预期的职业库。

在做决策时，太多的信息容易让人迷失，反而拿不定主意，而过少的信息又起不到让当事人了解客观事实的作用。所以，在形成预期职业库的时候，库的大小根据自己的情况要有适当的平衡，通常5~10个职业的调查是比较适中的，保持开放的心态，就容易获得客观的信息。

【案例】 小寻期待做汽车行业的工作，但是具体选择什么工作因其对社会还不太了解，就难以决定。性格探索的结果是他适合做公关专员、导游、促销员、销售人员等；兴趣探索的结果是他应做咨询人员、公关专员、社会工作者等；技能探索的结果是他可以做销售、客户服务等工作；价值观探索的结果是他偏向于志愿型和合作型。

【分析】 从小寻的职业探索得出的各种选择中，我们可以看到公关专员、销售、客户服务出现的频次最高；公关专员、销售、客户服务等虽然名称不同，但都明显体现了帮助他人的特点。所以，最适合小寻的职业首先具有与人打交道、帮助他人的特点，其次还有沟通性、服务性等特点，由此他可以列出汽车行业内符合这些特点的职业，比如销售顾问、咨询顾问等，进行详细调查。

二、职业分类法

《中华人民共和国职业分类大典》是我国第一部对职业进行科学分类的权威性文献，2021年4月由人力资源和社会保障部、国家市场监督管理总局、国家统计局联合启动修订工作。修订后的版本将我国目前的社会职业分为1636个。这1636个职业分归8个大类、79个中类、449个小类，并具体确定了各个职业名称。其中，8个大类具体为：

1）党的机关、国家机关、群众团体和社会组织、企事业单位负责人。
2）专业技术人员。
3）办事人员和有关人员。
4）社会生产服务和生活、服务人员。
5）农、林、牧、渔业生产及辅助人员。
6）生产制造及有关人员。
7）军队人员。
8）不便分类的其他从业人员。

大学生可通过《中华人民共和国职业分类大典》了解职业的分类，一级一级往下寻找适合自己的职业,并了解其所需具备的专业素质,提前做好准备。

三、职业生涯人物访谈法

职业生涯人物访谈是指大学生对身居自己感兴趣职位的人进行采访,接受访谈者应在职位上已经工作了3~5年及以上时间。为防止访谈形成刻板印象,应至少访谈两人以上,既与成绩卓然者谈,也与默默无闻者谈,效果会更好。访谈时,大学生应明确访谈的目的是收集供职业生涯决策的信息,而不是利用受访人物来找工作,以免引起双方的尴尬。

建议大家在正式进行访谈前,至少做两件事:一是为自己准备一个"30秒广告",因为在访谈过程中,对方可能会问到你的职业兴趣和目标;二是对需要提出的问题做一些准备,这样有助于访谈的深入进行,能够取得较高的效率。访谈提纲举例见表6-6,访谈问卷格式见表6-7。

表6-6 访谈提纲(不限于以下问题)

模块	内容
工作世界探索	1. 您是如何找到这份工作的? 2. 从事此行业的人做些什么?每天的主要工作内容是什么? 3. 在行业内,先从什么样的工作岗位做起能学到更多知识,更有益于发展? 4. 行业内,单位对刚进入该领域工作的员工一般会提供哪些培训? 5. 这个行业存在的困难及前景如何? 6. 您的职位是什么?您的主要职责是什么? 7. 工作地点在哪里?主要工作场所是什么?有哪些特征?
性格	1. 您认为自己适合做这份工作吗? 2. 您认为什么样的性格和品质对做好这份工作来讲是重要的? 3. 请您支持"找适合自己性格的工作"与"为了找更好的工作而适当改变性格"这两种观点中的哪一种?为什么? 4. 请问您认为一个人的性格能够后天培养吗?
兴趣	1. 这个工作有什么您喜欢的地方?请说两个您最喜欢的。 2. 这个工作有什么您不喜欢的地方?为什么? 3. 您在做这份工作时,哪部分是您最满意的?哪部分最有挑战性?
技能	1. 您认为做好这份工作应具备哪些知识、技能和经验? 2. 在这个职位上,如果想获得成功,必须拥有什么能力? 3. 目前您还缺乏或要改进的能力有哪些?怎么改善它们?
价值观	1. 您认为对求职成功最有帮助的因素是什么? 2. 您认为,工作以后人生观、世界观、价值观有什么转变? 3. 个人的主要成就是什么?最成功的是什么? 4. 从事这份工作实现了您的人生价值吗?家庭对您现在的工作满意吗? 5. 在您的单位中,能够把在同样一个岗位上成功和不成功区别开来的行为是什么?
职业生涯规划管理	1. 请问您在大学期间对未来职业的选择有过迷茫吗? 2. 如果理想职业和现实职业相冲突,您会怎么做? 3. 请问您是怎么规划自己的职业生涯的?各个年龄段的具体目标是什么?

表 6-7　访谈问卷

模块	内容
受访者简介	姓名、性别、籍贯、毕业院校、所从事的职业、从业年限、从业企业
受访者单位简介	单位名称、所处行业、主营业务、发展历史、现状及前景、受访者所在部门的基本情况等
基本信息	时间： 地点： 访谈参与者：
内容记录	字数控制在 2500 字内，但不少于 2000 字
访谈体会	字数控制在 300 字左右
访谈现场图片	

【拓展阅读】

探寻工作世界的其他方式

1. 人际关系网

通过人际关系网寻找的就业信息准确可靠，且求职的成功率高达 75%，也是企业比较喜欢的招聘方式。因此，大学生在找工作的过程中不妨大胆使用自己的人脉资源，主动联系自己的家人、老师及师兄师姐等。

2. 综合招聘网站

它适用于大部分求职者，大部分网站招聘信息真实，能实现求职者与公司人力资源的直接沟通。

3. 校园招聘会

校园招聘会一般分秋季招聘和春季招聘，秋季招聘在 9—11 月开展，春季招聘在 3—5 月开展，大学生可关注学校招生就业处通知，提前准备简历，做好攻略，在大量公司中选出自己心仪的公司，精心准备，有的放矢。校园招聘会的特点是针对本校，具有校本特色，同时提供应届生招聘和政策信息，进学校招聘的企业经过学校就业指导中心审核，就业信息可靠。

任务三　工作世界与职业生涯规划

一、了解工作世界有助于做出正确的职业生涯决策

工作世界既有令人茫然失措的一面，也有让人充满希望的一面。大学生的就业心理与能

否全面了解工作世界有很大的关系。只了解或看到负面信息的大学生常常会陷入悲观,比如自己并不喜欢继续读书,但因为暂时找不到心仪的工作而陷入困境,怀着"反正找不到好工作,大家都去考研了,那我也考研吧"的想法,做出不符合自身发展的生涯决策,最后导致自己错失求职的最佳时机,也因为沉不下心来学习而考研失败,从而陷入恶性循环。

如果大学生能够清晰、全面地了解工作世界,知道尽管毕业生众多,竞争激烈,但只要自己仔细了解企业用人要求及工作发展的普遍路径和规律等,就能结合自己的特点在社会中找到属于自己的工作,从而做出合理的职业生涯决策,而不是盲目跟风,追逐所谓的"好工作",最后却迷失在求职大军中。

二、了解工作世界有助于提升个人认知

在探寻工作世界的过程中,大学生常常会陷入两难的境地。很多大学生希望学校、职业辅导老师或其他专业的职业辅导工作人员能够告诉他们工作世界是什么样的,但结果常常令人失望。每个人(包括专业的职业辅导人士)由于个人知识、经验的局限不可能完全掌握工作世界的所有信息,给出的建议往往带有浓厚的个人色彩,会结合自己经历过或见过的成功案例为大学生提供意见。

例如,小叶在毕业时很犹豫去国企还是私企,国企月薪 5000 元,晋升缓慢;私企月薪 8000 元,机会多。当询问在校老师时,大部分老师都给了去国企的建议;当询问在私企工作的家人时,大部分都给了去私企的建议。教师本身属于体制内的工作,他们在找工作时,会更看重工作的稳定性和社会地位;而在私企工作的家人,他们更看重能力与收入相匹配。

以上两类人给出的建议都有着明显的个人经历痕迹,但俗话说:"鞋合不合适,只有脚知道;生活幸不幸福,只有自己知道。"工作世界的探索更多地需要大学生自己来完成。在这个探索过程中,大学生可以培养和提升自己的很多能力,比如自我管理技能中的吃苦耐劳品质,可迁移技能中的交流沟通能力、搜集信息能力等。人生是由不同的选择累加的结果,世间的事情没有完美的,在自己的能力范围内达到最优解,摒弃"既要、又要、还要"的想法,直视自己的内心,在两难的选择中,我们才会知道什么是对自己真正重要的,也越来越了解自己是谁,从而调整自己的行动,走出属于自己的职业生涯道路。

【探索活动】

1. 每人拿一张白纸,用彩笔画出自己眼中的工作世界,需表达自己对工作世界的想法,无须追求画的美术水平。

2. 请列举与汽车相关的尽可能多的职业,并将所有联想到的职业都记录下来,并结合自己的性格、兴趣、价值观挑选出心仪的工作,试分析自己适合哪种工作。

3. 依据专业分小组,请大家参照本章所讲述的方法,采用多途径对本专业进行探索,其中每组必须完成 2 人的职业生涯人物访谈,组内成员都要参加,并形成职业生涯人物访谈报告。

模块六 编织精彩人生的"网"——工作世界探寻

【模块总结】

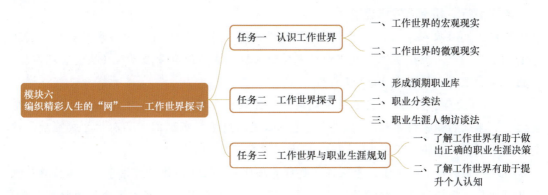

【榜样力量】

李庆恒：从快递小哥到"高层次人才"，把平凡工作干出彩

他是一位"90后"，因为练就了快递业务的专长，并在省级技能竞赛中获得冠军，最终被评为浙江省杭州市高层次D类人才。2013年，李庆恒从老家安徽来到浙江。和许多到外地打工的年轻人一样，他想凭着自己的双手闯出一条出路。

忙碌充实，做喜欢的事

从老家来到杭州后，因为学历不高，李庆恒在工厂里打过工，在咖啡店里做过咖啡师。虽然咖啡师是一个"文艺又体面"的工作，但李庆恒觉得做咖啡有些单调，而热闹忙碌的快递行业让他产生了浓厚的兴趣。抱着尝试的想法，李庆恒很快入职了申通快递，并一直做到现在。成为快递小哥之后，李庆恒也有过身心俱疲的时候。最累的时候也想过放弃，但因为还年轻，而且打心底里喜欢这样充实的生活，因此他继续坚持了下去。

精益求精，练就过硬技能

由于李庆恒在一线操作行动麻利，工作踏实，很快他便加入了公司备战行业各类技能比赛的团队。2019年8月，李庆恒参加了浙江省第三届快递职业技能竞赛。在准备这次比赛的过程中，李庆恒不仅要做到对全国各地的邮编、城市区号、航空代码全面掌握，还要能从固体胶、U盘、打火机、人民币、乒乓球等物品里，快速挑出航空禁寄物品。由于没有收投快递经验，李庆恒主动跟着一线快递员学习快递派送，每天下班后抽出两小时练习挑拣禁寄物品。"在训练中，为了找到快递封箱的手感，我反反复复地练，先把快递箱封四五层，然后站起来，把包裹举到额头摔下去，再拆开，看看里边的物品有没有破损。"

凭借着一股韧劲和过硬的业务能力，在这次比赛中，李庆恒获得了快递员项目第一名。2020年4月，李庆恒被浙江省人力资源和社会保障厅授予"浙江省快递技术能手"称号。"起初，我拿着这个称号申报'杭州市高层次人才'时，心里一点底都没有。一直觉得快递员和人才不怎么搭边，没想到后来真的申报成功了。这件事也让我觉得，无

77

论在社会哪个职业、哪个岗位，只要把自己的工作做精做细，最终都能得到社会认可，成为这个行业的人才。"李庆恒说。

笃定前行，朝更高目标迈进

在评上高层次人才之后，对于未来的职业发展，李庆恒也有了更清晰的规划。2020年11月9日，李庆恒被浙江邮电职业技术学院录取，成为经济管理学院（快递管理学院）工商企业管理专业的一名2020级新生。

"只有戒骄戒躁，脚踏实地继续向前走，抓住机会提升自己，才能在这个行业走得更远。"李庆恒说，没有读大学，一直是他心里的遗憾。听说国家高职扩招政策后，就赶紧和同事们一起报考了，"很幸运，赶上了'东风'。"

现在作为转运中心主管，李庆恒需要负责每日中心快件操作安排指导、数据监测及操作质量把控，保证每日能按时按规定将每单快件寄往目的地，让客户安全快速收到包裹。"虽然我们个人的工作不能直接对这个行业做出改变，但只要大家齐心协力，在平凡的岗位上兢兢业业完成自己的工作，快递行业也一定能更好地服务社会。"李庆恒说。

（资料来源："学习强国"学习平台，有删改）

【向榜样看齐】 在李庆恒刚刚踏入社会时，也进行了行业探索。从刚开始的咖啡师到快递员，他结合自己的性格特点、兴趣爱好进行了选择。踏入快递行业后，他精益求精，对职业进行了进一步探索，并被评为杭州市高层次D类人才。他用实际行动向我们证明了"行行出状元"这一道理。随后，他并未停止自己追梦的步伐，而是勇往直前，对自己的职业生涯进行了进一步规划，提升学历，不给人生留遗憾，并成功进入管理层，这便是探索工作世界最好的诠释。

【比亚迪前辈对你说】

模块七　把握人生的钥匙——职业生涯决策

【学习目标】

知识目标	掌握职业生涯决策的内涵和作用
	认识五种职业生涯决策类型的不同特征
	了解职业生涯决策的原则
能力目标	根据职业生涯决策的内涵,分析自我职业决策存在的问题
	通过不同决策类型特征的学习,进行自我职业决策风格判断
	根据职业生涯决策的原则进行个人职业生涯决策与规划
思政目标	以国家需求作为自己生涯决策的准则,紧跟时代的步伐,在平凡的工作岗位上,开出属于自己的理想之花

【导入案例】

何工,2012年毕业于深圳职业技术学院建筑与环境工程学院建设工程管理专业,2020年进入比亚迪工作,现任轨道交通事业群概预算工程师,主要负责项目后期结算、与施工方对接,并完成计量、对量、计价等结算工作。

何工学的专业是建筑工程管理,一直从事与建筑相关的工作。在进入比亚迪之前,她在中国铁道科学研究院(简称铁科院)工作了七年半,主要负责概预算工作。在铁科院工作期间,她学到了许多知识,积累了丰富的工作经验。但在对自身情况及发展深思熟虑后,她决定选择尝试改变,在2020年通过网络招聘进入比亚迪。作为比亚迪造价科概预算工程师,需要经常进入施工现场,何工是一个有耐心且心细的人,她认为施工现场能够学习到很多东西,多看多听、多问多学才能积累更多的工作经验,一些图纸上看不明白的地方,一到现场就会迎刃而解。她说,在目前这个职位上,如果想要取得成功,还需要学习更多工作中涉及的知识,积累更多的工作经验,把知识和经验汇合并总结成自己掌握的指标,运用到工作中，考取本专业相关证书，为自己的职业生涯添砖加瓦。根据自己的经历，她建议师弟师妹毕业之后，把握住机会，工作前期要不怕苦、不怕累，积累工作经验，最重要的是在心里有衡量，考虑自己能不能在工作中有所收获，公司能够给自己带来什么经验，又该如何做好这份工作，工作之初不要只考虑工资，应更多地考虑能力提升。对于换工作，何工建议在没有学习到东西之前不要频繁跳槽，用人单位对这一部分也有一定的考量，看简历的时候会更倾向于踏实的人，跳槽不是不可取，但不要过于频繁。她对自己有着严格的五年、十年职业生涯规划，五年内考取本专业工作相关证书，十年内考取建筑行业相关证书。

> 【案例分析】何工在对自己的职业描述中，我们可以看到她的职业决策风格是理智型的。在面对工作选择时，她分析了自身特点及公司发展前景，将个人发展与企业发展相结合。同时，何工的职业生涯规划运用了认清自我、解读职业、准确定位、锁定目标、确定方案、客观评估六步骤，根据个人需要和现实变化，职业生涯目标计划也要进行不断调整。

任务一　认识职业生涯决策

一、职业生涯决策的内涵

职业生涯决策（Career Decision-Making）的概念源于英国经济学家凯恩斯的经济学理论。他认为，个人在选择职业生涯目标时，将以最大收益及最低损失为标准，这里的收益与损失不限于金钱，而是包含任何对个人具有价值的事物，如社会声望、人身安全、社会流动等。Jepsen 和 Gelatt 于 1974 年提出的职业生涯决策模型中，首次使用了职业生涯决策这一概念。Jepsen 认为，职业生涯决策是一个复杂的认知过程，通过此过程，决策者组织有关自我的职业环境的信息，仔细考虑各种可供选择职业的前景，做出职业行为的公开承诺。因此，职业生涯决策是个体一生中必然要面临的重要决策，是个体对自己将要从事职业做出的选择。职业生涯决策不仅仅是一个即时的职业选择行为，而且是一个决策过程，是一系列有关职业决策的高潮阶段。

二、职业生涯决策的作用

一个正确的职业生涯决策有利于个人做出长远和良性循环的职业规划。一方面，职业生涯决策是一个即时性的选择，会受到一些不确定因素的影响，因而了解职业决策的相关问题将有效指导个体在面对巨大的职场压力和众多的职业选择时做出适合自己并感兴趣的职业决策；另一方面，从一个人终身发展的角度来看，对不同年龄段的人进行不同形式和目标的职业生涯规划将有利于个体做出其符合终身发展的职业选择。一个人对一段时间内的自身职业做出规划后，要对自己的职业发展做出决策。

一个正确的职业生涯决策有利于顺利地走上工作岗位。随着高校招生规模的增大和毕业生就业形势的日益严峻，大学生的就业矛盾突出，经验缺乏、决策盲从、随意是大学生找不到理想工作的原因。作为职业选择者的大学生，必须对即时的职业生涯决策过程中的影响因素和存在的问题进行深入学习和研究，认识自我，了解职业世界和社会，对自己进行合理定位，提升自身综合竞争力，为未来职业的发展打下良好基础。

【探索活动】

职业生涯决策的理论基础——社会认知理论

职业生涯决策的理论基础包括霍兰德的兴趣和职业选择理论、职业选择的社会认知理论、工作适应理论、职业生涯决策类型理论等。下面介绍职业选择的社会认知理论。

职业选择的社会认知理论主要源于班杜拉提出的一般社会认知理论。社会认知理论强调在指导人的行为过程中，自我效能和社会过程是相互作用的，如图 7-1 所示。职业选择的社会认知理论以社会认知理论为整合其他相关研究成果的主题思想，以自我效能、结果期望、目标设定 3 个概念为核心。该理论认为：

1）个体职业目标源自于职业兴趣的影响，又会影响生涯选择和行动，进而决定后续的成就表现。

2）提升自我效能和结果预期能激发职业兴趣。

3）学习经验是影响个体自我效能和结果预期的关键，受个体因素和背景因素的限制。

传统职业生涯理论强调一个好的职业生涯选择应基于对自我和职业的基本了解。但我们经常遇到这样的学生：①兴趣与目标缺失（我不确定要不要去竞选）；②自我效能低（我觉得竞选成功不可能实现）；③动力不足（竞选成功了又如何）。因此，我们难以对个人因素和背景因素做出干预，主要围绕结果预期、自我效能、学习经验和社会支持系统几个要素进行工作，激发兴趣与动力，促进有效的职业生涯选择。

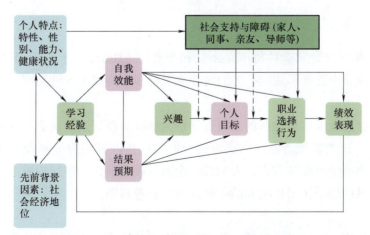

图 7-1 职业选择的社会认知理论示意图

【案例】 临近毕业，A 不知道如何规划自己的职业生涯。父母想让他参加专升本考试，A 在纠结要不要去。一方面，他觉得自己可能无法通过考试；另一方面，他也不清楚自己是否真的期待进入本科学习、专升本对自己意味着什么，以及自己真正想做的是什么工作。

请小组结合职业选择的社会认知理论提供解决问题的思路并讨论该理论的作用。

任务二　职业生涯决策风格与类型

一、职业生涯决策风格的内涵

决策风格（Decision Making Style）可以认为是人们在做决策时表现出来的行为偏好和心理倾向，反映了个体在决策的过程中习惯的反应模式，是个人关于决策行为的个性特征在职业决策过程中的体现。不同的人在决策同一件事情、实现同一目标时的习惯偏好不同，从而形成了决策风格的差异。

个体决策风格是如何形成的，对这一问题的分析大体可归纳为以下 3 类：

1）个性决策论。这类理论的主张是，决策风格取决于决策者的个性（包括气质、性格等心理特征）。

2）情势决定论。持这类主张的学者认为，决策任务与决策环境适合于不同决策风格的人。

3）相互作用决定论。坚持这一倾向的理论认为，决策风格既受个性影响，又受决策任务与环境的影响。

二、职业生涯决策风格的类型

美国职业生涯研究专家斯科特（Scott）和布鲁斯（Bruce）于 1995 年提出，决策风格是在后天的学习经验中逐渐形成的，他们将决策风格划分为以下 5 种类型：

1. 理智型

理智型以周全的探求、对选择的逻辑性评估为特征。理智型的决策者具备深思熟虑、分析、逻辑的特性。这类决策者会评估决策的长期效用并以事实为基础做出决策。理智型决策风格是比较受到推崇的决策方式，强调综合全面地收集信息、理智地思考和冷静地分析判断，是其他决策风格的个体需要培养的一种良好的思考习惯。

2. 直觉型

直觉型以依赖直觉和感觉为特征，比较关注内心的感受。直觉型的决策风格以自我判断为导向，在信息有限时能够快速做出决策，当发现错误时能迅速改变决策。由于以个人直觉而不是理性分析为基础，这类决策发生错误的可能性较大，因此，易造成决策不确定性，容易丧失对直觉型决策者的信心。

3. 自发型

自发型以渴望即刻、尽快完成决策为特征。自发型的个体往往不能够容忍决策的不确定性及由此带来的焦虑情绪，是一种具有强烈即时性，并对快速做决策的过程有兴趣的决策风格。自发型决策者常会基于一时的冲动，在缺乏深思熟虑的情况下做出决策，此类决策者通常会给人果断或过于冲动的感觉。

4. 依赖型

依赖型以寻求他人的指导和建议为特征。依赖型的决策者往往不能够承担自己做决策的责任，允许他人参与决策并共同分享决策成果，会受到他人的正面评价，但也可能因为简单地模仿他人的行为导致负面的反应。依赖型的决策者需要理解生活中重要他人对自己的影响程度。

5. 回避型

回避型以试图回避做出决策为特征。回避型的决策风格是一种拖延、不果断的方式。面对决策问题会产生焦虑的决策者，往往因为害怕做出错误决策而采取这样的反应。由于决策者不能够承担做决策的责任，而倾向于不考虑未来的方向，不去做准备，不知道自己的目标，也不思考，更不寻求帮助。这样的决策者更容易受到学校等支持系统的忽略。

 【拓展阅读】

职业决策风格"八分法"

著名学者丁克赖吉（Dinklage）根据人做决策的不同行为特征，把职业决策分为八种类型，见表 7-1。

表 7-1 职业决策类型

类型	含义
延迟型	这种类型的人知道问题所在，但是经常迟迟不做决定，或者到最后一刻才做决定
宿命型	这种类型的人自己不愿做决定，把决定的权利交给别人或者命运，认为做什么选择都是一样的
顺从型	这种类型的人自己想做决定，但是无法坚持己见，常会屈从权威的决定
麻痹型	这种类型的人害怕做决定的结果，也不愿意负责，选择麻痹自己来逃避做决定
直觉型	这种类型的人根据感觉做决定，大多数情况下只考虑自己想要的，不在乎外在的因素
冲动型	这种类型的人不愿意思考太多，往往基于第一想法做出决定
犹豫型	这种类型的人考虑过多，在诸多选择中无法下决定，常常处在痛苦的挣扎状态中
计划型	这种类型的人做决定倾听自己内在的声音，也考虑外在的环境要求，以做出适当的决策

任务三　职业生涯决策原则与方法

一、职业生涯决策的原则

1. 利益整合原则

利益整合是指个人利益与组织利益的整合。这种整合不是牺牲个人利益，而是处理好个人发展和组织发展的关系，寻找个人发展与组织发展的结合点。每个个体都是在一定的组织环境与社会环境中学习发展的，因此，个体必须认可组织的目的和价值观，并把他的价值观、知识和努力集中于组织的需要和机会上。

2. 协作进行原则

该原则要建立相互信任的上下级关系。建立互信关系的有效方法是始终共同参与、共同制定、共同实施职业生涯规划。

3. 动态目标原则

该原则的特点是动态决策。在工作中除了要注重自身的良好成长，还要注重自己在成长中所能开拓和创造的岗位。

4. 时间梯度原则

由于人生具有发展阶段和职业生涯周期发展的任务，职业生涯决策内容就必须分解为若干阶段，并划分到不同的时间段内完成。每一时间阶段又有"起点"和"终点"，即"开始执行"和"完成目标"两个时间坐标。如果没有明确的时间规定，会陷于空谈和失败。

5. 发展创新原则

该原则要发挥自己的能力和潜能，达到自我实现、创造组织效益的目的。

6. 全程推动原则

该原则要对自己进行全过程的观察、设计、实施和调整，以保证职业生涯规划与管理活动的持续性，使其效果得到保证。

7. 全面评价原则

该原则可以由组织、员工个人、上级管理者、家庭成员及社会有关方面对职业生涯进行全面评价。

8. 与社会需求匹配原则

大学生学习的现实目标就是就业，即自主创业与择业。就业作为一种社会活动，必定受到一定的社会需求制约，如果自身的知识与个人的观念、能力脱离社会需要，则很难被社会接纳。

【拓展阅读】

李工，2013 年毕业于深圳职业技术学院机电工程学院机电一体化技术专业，2015 年进入比亚迪工作，现任汽车事业群维修工程师，主要负责对客户有关服务质量投诉与意见处理过程的督办和处理结果的反馈、联系供应商，以及核对账目、产品质量与价格，同时还要与公司各部门就项目方面进行协调。

李工的专业是机电一体化技术，这个专业的就业范围较广，但是无论到哪个岗位，都得从基础慢慢地学，大学期间学习的几乎都是理论知识，在大三实习后，他对职业选择发展有所思考，对"实践是检验真理的唯一标准"深有感触，解决迷茫最好的方式就是行动。李工在毕业后有一段创业的经历，2018 年李工和朋友一起创业，尝试接单，奔波各地去联系货源、实地考察，但由于个人经验有限，最后创业失败，但这段经历对李工帮助很大，创业期间有很明确的目标，提高了自身能力。李工建议实习时要从底层做起，刚刚进入这个行业，经验稀薄，只有从零开始，从基层开始，才能学到更多、更有实际性的东西，通过熟悉汽车的零件构造、工作原理、产品知识，掌握各类车型的相关知识，才能获得更多的发展机会。由后端积累慢慢进入前端，先积累工作经验，锻炼自身，完善自我，打好坚实的基础，这样在其后的工作生涯中才会事半功倍。要有良好的自律性，善于与人沟通，恪尽职守。尽力做好自己，坚持有良好的业绩产出、良好的工作节奏，这就是自律性。重要的是自身要有责任感，不应为了得到赏识才去做这个任务，要知道，是金子总会发光，当你足够优秀，光芒终究会来的。

李工对自己有着严格的职业生涯规划，30~40 岁争取向公司管理层发展，40~50 岁主要稳定发展，业余期间争取提升自己的个人才能和业务能力，50~60 岁计划游玩世界，丰富人生阅历。

二、职业生涯决策的方法

CASVE 循环是一种职业生涯规划决策技术，包括沟通、分析、综合、评估和执行五个阶段。它可以在整个职业生涯问题解决和决策制定过程中为人们提供指导。

1. 沟通

在这个阶段，我们收到了关于职业理想与现实之间存在差距的信息，这些信息可能通过内部或外部交流途径传达给我们。内容沟通包括情绪信号，例如不满、厌烦、焦虑和失望，还有身体信号，如昏昏欲睡、头痛、胃部疾病等；外部沟通包括父母对你的职业规划的询问、同事、朋友对你的职业评价，或者是杂志上关于你的专业正在逐渐过时的文章。

2. 分析

在这一阶段，问题解决者需要花时间去思考、观察、研究，从而更充分了解差距，了解自己有效做出反应的能力。好的生涯决策者会阻止用冲动行事来减小在沟通阶段所体验的压力或痛苦，因为他们知道这是无效的，甚至可能令问题恶化。他们要弄清楚，解决这个问题需要了解自己的哪些方面、了解环境的哪些方面、需要做些什么才能解决问题，以及为什么我有这样的感受、家庭会怎样看待我的选择等。

3. 综合

此阶段主要是综合并加工上一阶段提供的信息，从而制定消除差距的行动方案。其核心任务是，通过确定"我可以做什么"来解决问题。

4. 评估

此阶段将选择一个职业、岗位或大学专业来进行评估。

5. 执行

这是实施选择的阶段，把思考转换为行动。很多人都觉得在执行阶段制订行动计划是令人兴奋的和有价值的，因为他们终于可以开始采取积极行动去解决问题了。

6. 再循环

CASVE 循环是一个不断重复的过程。在执行阶段之后，职业生涯决策者又回到沟通阶段，以确定已经做出的选择是不是最好的，是否能有效消除理想与现实间的差距。

【探索活动】

职业生涯决策方块训练

职业生涯决策方块（见表 7-2）是根据波士顿矩阵设计思路设计的，主要用于评价职业是否满足自身职业性格、兴趣、价值观等。

用横向的行反映选择的职业回报，分为"高、中、低"三个档次。这个维度主要评价该职业是否能满足自己的职业兴趣，是否符合自己的职业性格、职业价值观，能否发挥自身素质能力的长处。

用纵向的列反映选择职业被录用的难度，分为"难、一般、易"三个档次。这个维度反映用人单位对素质能力要求的高低，以及你是否满足该单位的要求（职业资格、工作经验等）。

表 7-2 职业生涯决策方块

获得概率	难			
	一般			
	易			
		低	中	高
		职业回报		

模块七　把握人生的钥匙——职业生涯决策

【模块总结】

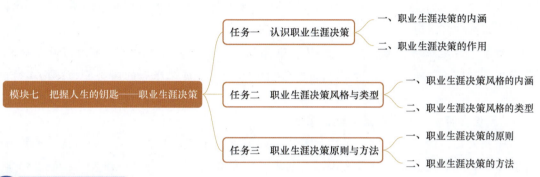

【榜样力量】

扎根基层青春无悔——记 2019 年"最美基层高校毕业生"刘天娇

"放弃大城市高薪工作，回到家乡基层守护绿水青山，是我至今不悔的选择。每一个年轻人都应该把自己的理想与国家的号召结合起来，在基层的沃土上更好地实现自身价值。"广东省河源市国有坪山林场护林员刘天娇说。

大学毕业后毅然放弃高薪工作，从大城市回乡投身"三支一扶"基层工作，扎根于河源的深山密林之中，刘天娇用八年的努力拼搏和无私奉献，奋力谱写了一曲"扎根基层、无悔青春"的最美乐章。

在中央宣传部、人力资源和社会保障部组织开展的 2019 年"最美基层高校毕业生"评选中，经河源市人社局、广东省人社厅自下而上、逐级推荐，刘天娇从全国近万名候选人中脱颖而出，成为年度全国 10 名"最美基层高校毕业生"之一。

"我不怕苦，要去就去最偏远的地方"

刘天娇出生在河源市龙川县赤光镇潭芬村的一个贫困家庭，在这个偏远山村里走出去的大学生寥寥无几，更别说走出去了再回来的。但在刘天娇心里，却一直存着这样一个想法：回报家乡，为乡亲们实实在在做点事。为此，他说服了望子成龙的父母，报名参加了"三支一扶"。

刘天娇到基层工作的决心十分坚定。2010 年毕业之际，刘天娇就积极响应广东省 2010 年高校毕业生"三支一扶"大学生到农村基层服务的号召，报名参加当年的"三支一扶"招录，因当年河源市名额较少，未能被录取。2011 年，刘天娇再次报名，终于如愿。在此之前，他刚接到了广州一国企的岗位录用通知。是选择大城市薪资优渥的白领工作，还是坚持自己的"基层之梦"？刘天娇没有多犹豫，毅然回到家乡河源龙川，成为龙川县车田镇政府的一名工作人员。

回到农村基层，刘天娇就像回到了"母亲"的怀抱，他把自己彻底融入农村建设中，在实践中一点一滴打磨自身、练就真本领，与基层群众打成一片。他不仅努力学习新知识，认真完成本职工作，还经常利用业余时间帮助农民插秧、割稻、种花生，到敬老院看望老人，得到了当地群众的好评。他曾被评为"广东省向上向善好青年"、2016年度第二批"河源好人"。

为了更好地服务基层，"三支一扶"服务期满后，刘天娇考取了国有红星林场护林员职位。2017年，他主动向市林业局申请到河源市既偏远又艰苦的国有坪山林场工作。他说："我不怕苦，要去就去最偏远的地方。"

"无论多苦，我都不会放弃这份事业"

一座大山，两万亩森林，延绵的不仅仅是山路，还有刘天娇对大山的深情。他用青春让林场的林海更苍翠，甘做大山深处的森林守护者。巡山护林是一份无比孤寂、艰苦的工作。晴天一身灰，雨天一身泥，白天看大山，晚上数星星，这是刘天娇工作的真实写照。每天早上7点，刘天娇就要准时上山。水壶、镰刀、挎包、宣传喇叭，还有一辆摩托车，是刘天娇的随身"装备"。然而，林场里山路陡峭，绝大部分的路都需要徒步行走，摩托车并不能让刘天娇少走多少路。他说，无论多苦，他都不会放弃这份事业，耐得住寂寞，忠诚履职，守护好家乡的绿水青山。

（资料来源："学习强国"学习平台，有删改）

【向榜样看齐】 在基层默默耕耘八年，刘天娇在平凡的岗位上不畏艰难险阻，用实际行动践行初心与使命，让青春之花在基层的土壤上热烈绽放。他的职业生涯决策以人民需求为出发点，以为人民服务为初心，不畏艰苦，积极奉献自己的力量。

【比亚迪前辈对你说】

模块八　开启职业的新征途——职业生涯规划管理

【学习目标】

知识目标	理解职业生涯规划管理的内涵
	理解职业生涯周期管理的内涵
	了解职业成长管理的定义
能力目标	掌握职业生涯周期管理能力
	熟悉运用职业生涯规划管理的步骤
	根据自身实际进行职业成长管理
思政目标	以国家发展需求作为职业生涯规划管理的依据,努力成为新时代高素质人才

【导入案例】

谢工,2010年毕业于深圳职业技术学院机电工程学院机电一体化技术专业,2018年进入比亚迪工作,现任汽车事业群配电连接系统工程师,主要工作是产品研发,如高压配电盒选型、霍尔传感器等。

比亚迪配电连接系统工程师是谢工的第四份工作,他曾在深圳市沃特玛有限公司和另外几家公司工作过,积累了相关行业的工作经验。

谢工毕业后选择工作时也曾感到迷茫,在某科技有限公司实习期间,他主要从事一些与专业不相关的工作,不利于自身发展。比亚迪的这份工作基本要求是精通专业知识,此外还要了解汽车等相关领域的知识,包括大学期间的电力学知识和中学期间的基础知识。只有掌握了软硬件的相关知识才能做高级系统工程师,在掌握技术的同时还要有出色的管理能力。谢工性格沉稳,细心,基础知识扎实,在遇到问题时能快速找到解决方案。根据自身特点,他选择从事研发岗位。在做工程师期间,顾客总是临时改变需求,更换新的方案会消耗比预期更多的时间。正是面对这种挑战,谢工从一名技术员开始,进入有技术含量的团队中工作，在其中负责产品设计和相关的绘图工作，将自己所学到的知识转换成技能。同时，要有正确的工作态度，主动学习新知识的能力，从基础做起，一步一步成长，逐渐获得领导和客户的认可。他对自己有着严格的职业生涯规划：20~30岁这段时间，主要以学习为主，学习行业内的相关知识；30~40岁这段时间，主要是确保稳定，无论事业还是生活；40~50岁这段时间，根据情况争取做到公司的管理层，如果遇到事业瓶颈可以选择创业。

> 【案例分析】 通过谢工对自己的职业描述，我们可以看出其个人职业生涯管理是根据自我评估、周边环境因素对自己职业生涯发展的影响，做出的决定，进而选择职业生涯发展路线。在工作选择中，他根据自身特点选择了研发岗位。在确定了职业生涯的终极目标并选定职业发展的路线后，谢工对职业目标进行了分解，分为短期目标、中期目标和长期目标，根据自己的年龄段进行分解实施。

任务一　什么是职业生涯规划管理

一、职业生涯规划管理的内涵

职业生涯规划管理（Career Management）是现代人力资源管理的重要内容之一，目前各研究领域的学者对职业生涯规划管理的定义不尽相同。美国组织行为专家道格拉斯·霍尔认为，职业生涯规划管理是对一个人一生工作经历中从事的一系列活动和行为进行的规划和管理。学者田大洲认为，职业生涯规划管理应看作竭力满足员工、管理者、企业三者需要的一个动态过程，它是企业帮助员工制定职业生涯规划和帮助其职业生涯发展的一系列活动。杜映梅在《职业生涯规划》中也指出，职业生涯规划管理是"组织开展和提供的用于帮助和促进组织内正从事某类职业活动的员工，实现其职业发展目标的行为过程，包括职业生涯设计、规划、开发、评估、反馈和修正等一系列综合性的活动与过程"。通过员工和组织的共同努力与合作，使每个员工的职业生涯目标与组织发展目标一致，使员工的发展与组织的发展相吻合。

职业生涯规划管理是一种对个人开发、实现和监控职业生涯目标与策略的过程。职业生涯规划管理是一个长达一生的过程，它能够使我们认识自我、工作和组织，设定个人的职业目标，发展实现目标的战略及在工作和生活经验的基础上修正目标。虽然职业生涯是指个体的工作行为经历，但职业生涯规划管理可以从个人和组织两个不同的角度来进行。

从个人的角度讲，职业生涯规划管理就是一个人对自己所要从事的职业、要加入的工作组织、在职业发展上要达到的高度等做出规划和设计，并为实现自己的职业目标而积累知识、开发技能的过程，它一般通过选择职业、工作组织和工作岗位，以及在工作中技能得到提高、职位得到晋升、才干得到发挥等来实现。

从组织的角度讲，对员工的职业生涯进行管理，集中表现为帮助员工制定职业生涯规划、建立各种适合员工发展的职业通道、针对员工职业发展的需求进行适时的培训、给予员工必要的职业指导、促使员工职业生涯的成功。

二、职业生涯规划管理的影响因素

职业生涯规划管理的影响因素包括职业管理、自我事务管理、家庭生活管理，这三个方面是相互影响、相互作用的，共同影响着一个人的职业发展，见表8-1。

表 8-1 职业生涯规划管理的影响因素

类型	内容
职业管理	其目的是做好职业工作，不断积累和提升职业能力。个人职业能力的积累，主要包括知识、经验、信息、技能及社会资本等。这种积累，一方面，可以使自己能够更自如地胜任本职工作；另一方面，为个人职业发展提供基础。职业管理就像画圆，自己的职业目标与职业定位就是圆心，职业能力就是半径，一个人拥有的知识、信息、经验、技能等越多，其能力半径就越长，所画出的圆圈也就越大，表明自己的职业发展空间越大。因此，在工作中，个人一定要注重不断延长自己的能力半径
自我事务管理	包括自己的健康状况、心理发展、生活知识和技能、社会交际、娱乐休闲等方面的管理。其管理状况如何，对职业生涯的发展及其家庭生活的质量都会产生全面而深刻的影响。良好的健康状态，不仅可以使人精力充沛，高效而愉快地工作，还会使人有一个好的工作和生活态度。通过职业活动，个人要不断养成自信、宽容、积极乐观、自我独立和拼搏进取的心理品质。丰富的生活知识和高水平的生活技能，也能使人事半功倍地处理日常工作事务。一个人的社交能力越强及社交范围越广，对工作和生活的帮助和支持也越大，工作和生活中的交流与沟通水平和组织协调能力也就越强
家庭生活管理	工作与家庭不是两个独立的系统，而是一个不可分割的整体，无论在时间分配还是在情感转移上，二者都是相互作用和相互影响的。人们每天在工作和家庭中徘徊，家庭的生活质量对个人职业活动有着直接的影响。家庭状况、家庭的和睦与团结及家庭成员的态度和意见，同样会影响个人的工作选择和工作态度

【拓展阅读】

大学生在进行职业生涯规划时，定位的准确性将在较大程度上影响其职业发展。通过对大学生职业生涯规划现状的分析，我们能够发现各种问题，并据此实行相应的改善措施，希望能够全方位提高大学生求职竞争力，促进整体就业。

韦工，2015年毕业于深圳职业技术学院继续教育与培训学院机电一体化专业，2019年进入比亚迪工作，现任电子事业群电气助理工程师，主要负责手机类项目，负责布线、设备功率测算、自动化等相关工作。

韦工对自己的职业有很明确的规划，无论进入深圳职业技术学院之前还是目前在比亚迪，没有出现过特别迷茫的时期，他非常热爱目前这个工作。刚入职的时候，韦工经验不多，他先从基础岗位做起，认真学习，观察经验丰富的老员工做事的细节及心态，取长补短，结合自己的知识，勤于动手。韦工认为基础知识是很有必要的，深职院教会了他很多东西,记得以前老师说:"经历过学习,如果未来在工作中遇到了问题,可能不能直接获得解决的办法,但会知道如何找方法去解决。"他觉得这句话很有道理,因为在工作中有了积累,能更灵活地处理问题。韦工曾经换过工作,一方面是因为原公司薪资待遇较低;另一方面是他想要进一步学习,了解更多知识和资讯。他认为每一个岗位都是这个行业中细分出来的一部分,有的注重机器维修,有的是做线路。韦工认为职业规划更多的是考虑自身发展前景及能否从中学习到东西。韦工在比亚迪感受到了浓厚的企业文化,领导与同事之间的相处氛围非常融洽,团队目标十分明确,这让他在奋斗的时候更有激情。进入比亚迪之后,他更敢做敢想了,以前认为自己没有能力完成的事情,因为有了领导和同事的支持和鼓励,而做出了新的尝试。

任务二 为什么要做职业生涯规划管理

一、职业生涯周期管理的内涵

职业生涯周期是从开始从事职业活动到完全退出职业活动的全过程。职业生涯是每个人生命周期中最为重要的组成部分,是拼搏的经历、成熟的过程,是充实的阶段,是升华的体现,是人生最为难忘的经历。但是,每个人的职业生涯周期不一样,它的长短受到诸多因素的影响,例如年龄、性别、学历、经验、再学习能力、适应能力、心理素质、性格、工作心态、工作能力、自我调节、自我设计等。每个人都应对自己的职业生涯周期做一个正确的评估和定位,不断地修正自己的人生坐标,确定自己的发展目标,才能逐步演绎出职业生涯的精彩。

二、职业生涯周期管理各阶段的特点

根据格林豪斯的职业生涯阶段理论,职业生涯周期包括职场准备阶段、进入组织阶段、职业生涯早期、职业生涯中期、职业生涯晚期,见表8-2。

表8-2 职业生涯周期

阶段	时间	主要任务
职场准备阶段	0~18岁	职业探索期,发展职业想象力,培育职业兴趣和能力,接受必要的职业教育和培训,形成自己的职业发展观念并开始选择和评估职业
进入组织阶段	18~25岁	尽量选择一种合适而满意的职业,加入一个理想的组织开始工作
职业生涯早期	25~40岁	立业阶段,在组织中塑造自我,学习和遵行组织纪律和规范,接受组织文化,胜任现职工作
职业生涯中期	40~55岁	维持阶段,学习新知识,更新新技能,做出新成绩,力争有所成就,重新选择职业和生活方式
职业生涯晚期	55岁至退休	下降阶段,减少工作的流动,安心于现有的工作

任务三　如何做职业生涯规划管理

一、职业生涯规划管理的步骤

在职业生涯规划管理这个整体过程中，个人和组织在其中起着相辅相成的作用。组织是个人职业生涯得以存在和发展的载体，虽然职业生涯是个人生命运行的空间，但是又和组织有着必然的联系。一个人职业生涯设计得再好，如果不进入特定的组织，就没有职业位置和工作场所，职业生涯就无从谈起。当然，组织的存在和发展也依赖于个人的职业工作，依赖于个人的职业开发与发展。在人才激烈竞争的今天，如何吸引并留住优秀的职业人才是人力资源管理所要面临的难题。如果一个人的职业生涯规划在组织内不能实现，那么他就很有可能离开，去寻找新的发展空间。所以，员工的职业生涯发展不仅是个人的行为，也是组织的职责。职业生涯规划管理的步骤见表 8-3。

表 8-3　职业生涯规划管理的步骤

步骤	内容
职业生涯诊断	职业生涯必须使理想与实际相结合，职业生涯诊断能够帮助个人真正了解自己，并且进一步详估内外环境的优势、限制，在"衡外情，量己力"的情形下，设计出合理且可行的职业生涯发展方向。只有把自身因素和社会条件做最大限度的契合，才能在现实中趋利避害，使职业生涯规划更具实际意义
重新审视职业现状	审视周边各种环境因素对自己职业生涯发展的影响，主要包括组织环境、政治环境、社会环境、经济环境。在职业生涯规划中，个体必须对发展路线做出抉择，以便及时调整自己的学习、工作及各种行动措施沿着预定的方向前进
修正职业生涯规划	职业规划有一个明显的阶段性特征，所以在不同的发展阶段都应做出相应的调整，甚至是改变，但职业发展的宗旨是不变的，就是通过职业发展的机会，体现个人的价值，为社会做出应有的贡献。有了这样长期而又宏观的视野，就会根据自身状况的改变而做出调整。职业规划不是将职业目标定得越高越好，而是切合实际的、可行的，有计划一步步完成的规划才是最好的职业规划

二、职业生涯规划管理与职业成长管理

在职业成功的道路上，每个人都会有一个艰难的职业成长历程。一个人只有对自己具有了较高的自我职业发展要求，才能获得职业成长的根本动力。只有刻苦地学习和实践，才能获得职业成长的资本。个人职业生涯的成长，往往是与组织发展紧密联系在一起的。依据组织的发展现状与目标，通过制订个人职业生涯成长计划，个人可以在组织内部获得更高的职位和承担更大的责任，这是一条便利通道。做好个人职业生涯的成长管理，一方面，个人要通过不断学习和努力，掌握更多的知识和技能，积累更多的管理经验，使自己具备承担更大

责任的综合素质能力。在刚进入职业或者处于职业低谷时，个人最大的困难就是缺乏起步或者上升的资源。而个人资源的获取，没有什么捷径可走，必须用自己扎实的付出去一点一点地换取和积累。另一方面，当自己具备了向着某一职位方向变动的能力时，还要等待和把握机会，实现个人在组织内的晋升与发展。

在组织内部，个人职业生涯的变动方向主要有三个：首先，纵向发展，即沿着组织的层级系列由低级向高级发展。这是一种常见的线性发展方式，适合长期从事某一专业领域工作的个人。这种晋升靠的是知识、经验和能力的积累。职位晋升，既是对个人以往工作的一种肯定，同时又对个人工作能力与工作责任提出了更高的要求。其次，横向发展，即跨职能部门的、在同一层级不同职务之间的调动。这是一种螺旋形职业发展方式，围绕着职业锚这个核心，从事不同的专业工作，不断找到发展的新起点。例如，一个人从技术部门转到了采购部门或者销售部门。横向发展可以发挥自己的长处或"亮点"，同时又可以为个人积累各方面的经验。最后，向核心方向发展。向核心方向变动，就是沿着组织外围向组织内圈方向的变动。向核心方向变动时，个人对组织情况了解得就会更多，担负的责任也会更大，并且有机会经常参加组织重大问题的讨论和决策。只有当一个人具有了更多的专业知识、信息、管理能力或者特长，才易于向组织核心方向发展。

【延伸测试】

你这一生想要成为一个什么样的人，试着使用表 8-4 做个职业生涯规划吧。

表 8-4 职业生涯规划

我这一生想要成为一个这样的人：				
我这一生的最终职业目标：				
		短期(大学)	中期(毕业 2 年)	远期(毕业 5~10 年)
阶段总目标				
子目标	能力目标			
	学习目标			
	职务目标			
	经济目标			
	健康目标			
	生活目标			
	其他目标			

【模块总结】

【榜样力量】

吴建平：戈壁滩上的电网"领路人"

2020年10月8日，夜色笼罩着青豫特高压海南±800千伏换流站。项目部内，电气C包项目经理吴建平伏案而坐，翻阅着手中厚厚的资料，再次核对检查明日抗爆板的安装准备工作。

临危受命，他是"主心骨"

2019年8月，吴建平临危受命，带领"高原铁军"一路向南，前往气候恶劣、人迹罕至的戈壁滩，参与青海省内的第一条特高压输电通道建设。初到青豫特高压海南±800千伏换流站，如何利用现有的管理人员高效地开展前期准备工作，成为大家最在意的事。"目前管理人员不足十人，距离电气开工时间仅有40余天，需要报审的文件就有十余项之多，再加上施工设备陆陆续续进场，情况不容乐观。"吴建平手扶额头沉思着。

为解决这个问题，他和在场人员仔细核对施工图纸，整合梳理前期报审资料，严格落实主体责任。随着人、物、料的大量进场，白天坚守在现场，把控质量安全关的吴建平，在夜深人静的时候，整理出了一套行之有效的管理方案。新冠肺炎疫情期间，吴建平和参建人员提前编制疫情防控应急措施，准备复工复产方案，誓要站好疫情第一班。

睿智起航，他是"智多星"

工程建设初期，吴建平牵头组建了一支创新攻坚小组，针对工程中的疑难问题，探索行之有效的解决方案，用科技创新的力量为"新时代样板工程"加速度。

2019年12月1日9时，聚集在会议室的全体人员都被幕布上的三维模拟场景深深吸引，还未开工的750千伏GIS（地理信息系统）对接全过程已通过施工管控平台模拟仿真了出来。青南换流站750千伏GIS地处青海塔拉的戈壁滩上，由于常年沙尘暴不断，GIS对接工作难度极大。为在有限的黄金施工期高质量地推进施工进度，创新攻坚小组开发了"基于GIM三维设计模型的变电站精细化施工管控平台"系统，对工程项目基地的情况进行直观展示,从而实现施工现场的人、机、料、法、环等资源的集中管理;同时,利用BIM技术对关键路径进行了模拟计算,优化了工序之间的串并行关系,极大缩短了工期。

"科技是第一生产力",以自主创新为立足点,优化施工技术,加大"四新"(即新材料、新技术、新工艺、新设备)应用,吴建平与参建人员合力打造"智慧工地"。

重视青年,他是"领路人"

此次征战特高压的人员中,70%以上都是青年员工,把握青年发展特点,动员广大青年在时代潮头敢于挑战自己,敢于突破创新,敢于建功立业,成了电气C包项目经理吴建平最为重视的事。

青南换流站750千伏GIS设备全长760米,共计30个间隔,在昼夜温差大的影响下,GIS对接工作难上加难。2020年3月4日,吴建平召集青年员工组建了一支突击队。在工期紧、任务重、难度大的多重考验下,借鉴工厂流水作业模式;同时,为严保对接效率与精度,鼓励青年员工大力使用全站仪、激光投线仪等新设备,对轴线和标高进行校正。为实现青年员工与时俱进,青年突击队结合现场实际,开展了学习发展战略目标,贯彻全国两会精神系列主题团日活动,让青年员工自发学、主动学,让青年职工成为公司战略目标的主力军;参与了各类"党建+"活动,让青年员工怀揣理想和斗志,积极向党组织靠拢,做党的坚定拥护者。

(资料来源:"学习强国"学习平台,有删改)

【**向榜样看齐**】吴建平,从事电网建设11年,先后参建了日月山750千伏变电站工程、海西750千伏变电站扩建串补工程等10余项工程建设,他用自己的实际行动践行了树理想、练本领、求真知、明事理的精神。

【**比亚迪前辈对你说**】

附录　职业生涯人物访谈记录

【工作世界探索】

Q：您是如何找到这份工作的？

A：2012年10月，比亚迪来我校招聘。通过校招渠道，我进入比亚迪工作至今。

Q：您的职位是什么？您的主要职责是什么？

A：职位是质量管理工程师。主要职责是与供应商接触，把控质量关。一方面，推动供应商内部质量改善；另一方面，执行质量管理的标准程序，就是要保证装配的过程及装配的工装是符合设计要求的。

> 访谈一
> 校友：陈工
> 性别：男
> 毕业年份：2012年
> 毕业学院：汽车与交通学院
> 所学专业：汽车电子技术
> 进入比亚迪年份：2012年
> 在比亚迪具体职位：汽车事业群质量管理工程师

Q：工作地点在哪里？主要工作场所有哪些特征？

A：工作地点在坪山比亚迪。主要工作场所比较固定，一般是在厂区内，极少数情况需要出差到供应商所在地。

Q：在行业内，先从什么样的工作岗位做起，能学到最多知识，最有益于发展？

A：个人建议从基层开始做起。刚进入比亚迪时，我负责物料检验工作。经过几年的摸爬滚打，现在我能够清楚地判断零部件的基础状态和结构，掌握零部件的装配步骤和方法。所以，我始终认为，无论选择什么岗位，从基层开始是最重要的。

Q：行业内，单位对刚进入该领域工作的员工一般会提供哪些培训？

A：近年来，随着比亚迪体系的逐步完善，公司对员工的培训也逐渐增加。比如，在我刚从事品质方面的工作时，除了要接受新员工培训和安全教育培训之外，公司还会培训关于品管和物控方面的内容，如质量管理的五大工具、过程审核等。

Q：这个行业存在的困难及前景如何？

A：汽车行业目前存在的困难并不多，但是发展前景不太理想，处于瓶颈期，核心技术问题在于电池。虽然说比亚迪自主研发的刀片电池在技术上已有了突破性进展，在世界上处于领先的地位，但是它的产能却成了一大难题，仍未达到量产的程度。

Q：这个行业是否有季节性或地理位置的限制？具体表现是什么？

A：这个行业有一定的季节性限制，比如我们说的"金九银十"，从下半年的 7 月到 12 月是汽车销售的旺季，随之工作量也会增加；与此同时，对于制造业而言，有一定的地理位置限制，根据降成本的要求，它会逐渐远离城市中心，往郊区、山区方向靠近。

Q：据您所知，有什么杂志、行业网站或其他渠道能帮助我深入了解这个领域？

A：个人比较常用的微信公众号有两个：SQE 供应商质量和车辆技术。

【性格】

Q：您认为自己的性格适合做这份工作吗？自己的性格对目前的工作有什么影响？

A：我认为我的性格适合做这份工作。因为我是从事品质方面的工作，日常需要跟许多人打交道，性格外向有利于我与他人进行有效的交流，确保工作顺利进行。当时部门进行了人员调动，我来到这个岗位并没有花费很多时间去适应、磨合。相反，有些性格比较内向的同事就很难适应这个岗位，业绩也不太乐观，没多久就离职了。同时，我觉得我的性格是积极乐观的，因此也是非常适合这份工作的。

Q：您认为什么样的性格和品质对做好这份工作来讲是重要的？

A：热情奔放的性格更有利于我们建立良好的人际关系，适应工作，进而适应社会。

Q：您觉得工作对您的性格有影响吗？工作使您的性格有所改变吗？有什么影响和改变呢？

A：在进入比亚迪的适应过程中，我的性格其实变化不太大。因为一开始我就对这个职业适应得比较快。

【兴趣】

Q：您喜欢目前的工作吗？请具体说说您喜欢的地方。

A：首先，在这个岗位上我能获得成就感，目前市面上有很多新能源车，比如比亚迪的唐、汉等车型，看到自己经手的汽车在马路上奔驰的时候成就感油然而生。其次，令我满意的是，这份工作的强度不大，不需要经常加班。

Q：这个工作本身有没有让您不满意的地方呢？请具体说说您不喜欢的地方。

A：首先，对薪资方面不太满意，期待薪资有所提升。其次，公司企业文化部总是不定期地进行线上和线下的励志培训，"鸡汤"文化太多反而显得不切实际，听多了会觉得无奈甚至厌烦。

Q：您在做这份工作时，哪部分最有挑战性？

A：最有挑战性的是在 NVH 方面，也就是主动降噪方面。我们一直在尝试把齿轮转动与电机转动的分贝值降到最低，力求降低到我们正常说话的 60 分贝的水平，这也是新能源行业一直在研讨的问题，是一个很有挑战性的项目。

【技能】

Q：您认为做好这份工作应该具备哪些知识、技能和经验？

A：当时在学校学的CAD制图是我目前觉得最实用的知识、技能。出来工作之后，我发现画图、制图、看图和数模在职场上都很重要，也是职场的加分项。如果有机会，尽量多锻炼自己的动手能力，尽可能多地参加技能大赛等竞赛，既提升了能力，又丰富了简历。

Q：在这个职位上，如果想获得成功必须拥有什么样的能力？

A：积极主动。在职场上大家都比较看重执行力，执行力强，自然领导对你的关注也会多一点。总的来说，做好自己分内的事情，不刻意计较个人的得失，尽力把它做得最好。

Q：目前您还缺乏或需要改进的能力有哪些？计划怎么改善它们？

A：我在团队管理方面还有待提升。目前自己也有意识地在补充这方面的知识和技能。

【价值观】

Q：您认为对求职成功最有帮助的因素是什么？

A：心态好，有上进心，能持之以恒地做适合自己的工作，不是三天热度就打退堂鼓，能够吃苦耐劳，善于与人沟通。

Q：您认为，个人的主要成就是什么？最成功的是什么？

A：2018年6月，公司要生产"元"汽车，长沙要求第一个月就要生产1000辆，但是深圳当时只是生产了四五辆。后来，长沙逐月翻倍生产，到9月的时候已经要求生产18 000辆了。拉产量对生产行业来说是极具挑战性的，以至于我当时几乎一年半的时间没法待在公司，每天都在各地奔波，最后的半年时间我们出货量竟达10万多辆，成就感确实很大。

Q：从事这份工作实现了您的人生价值吗？家庭对您现在的工作满意吗？

A：个人觉得是实现了。我之所以这么说是因为我固有的家庭条件和家庭环境及现在的状况可以让我这么评价。一直以来我都不怎么需要父母为我的事情过于操心，同时也没有供房的压力；父母、岳父母、妻子和孩子们都在身边，相处得十分和睦，他们对我的工作给予了很大的支持。这样的生活我已经非常满足了。

Q：在您的单位中，在同样一个岗位上，做得好和做得不好的区别体现在哪里？

A：区别成功与不成功，还是要看个人。这需要根据一个人的经历来分析，我们不能轻易地去否定他人，只要做好自己就问心无愧了。

【职业生涯规划管理】

Q：请问您在大学期间对未来职业的选择有过迷茫吗？具体是什么？

A：一度很迷茫，可以说当时迷茫到没有方向吧，根本就没有想过出来做什么工作，抱着随遇而安的心态，这么多年也就过来了。

Q：参加工作后，您换过工作吗？换工作的原因是什么？每一个岗位有何不同？您选择新工作考虑了哪些因素？

A：从校招进入比亚迪至今没换过工作。

Q：请问您是怎么规划自己的职业生涯的呢？各个年龄段的具体目标是什么？

A：职业目标是找一份"钱多事少离家近"的工作，目前的状态是离家近，另外两个方面还在努力中。人生的理想也没有那么高远，活在当下、做好眼前就是最好的状态。

【工作世界探索】

Q：您是如何找到这份工作的？

A：比亚迪直接来学校进行校园招聘，我是通过校招进入比亚迪的。

Q：您的职位是什么？您的主要职责是什么？

A：最开始在惠州（金属一厂）从事CNC（数控加工中心）编程方面的工作，主要工作是解决生产现场工艺方面的问题，比如完善机床运行的程序，现在调到（电池工厂）夹具设计岗位，这个岗位的主要职责是设计制作产品生产需要用的辅助夹具。

> 访谈二
> 校友：陈工
> 性别：男
> 毕业年份：2020年
> 毕业学院：机电工程学院
> 所学专业：机械设计与制造
> 进入比亚迪年份：2019年
> 在比亚迪具体职位：汽车事业群工艺工程师

Q：工作地点在哪里？主要工作场所有哪些特征？

A：之前我在惠州比亚迪工业园工作，主要工作场所为CNC车间，现场切削液的味道非常难闻，夏天很热，到处是油污。目前我在葵涌比亚迪工作，主要的工作场所是防静电车间。这边特别注重静电防护，因为都是电池和电路板，所以要穿防静电服，戴防静电帽，也会穿接地的鞋套，既保护自己，也保护产品。

Q：在行业内，先从什么样的工作岗位做起，能学到最多知识，最有益于发展？

A：CNC编程方面，个人建议从现场调机员做起，并向他们了解现场。现场调机员知道很多工程师都不知道的实际现场问题，如果最开始在这个位置上学习一段时间，那么对未来会有很大帮助。夹具设计方面，要到车间去熟悉现场生产时员工的操作手法，更要熟悉产品结构，向现场工艺员进行请教也是很好的办法。

Q：行业内，单位对刚进入该领域工作的员工一般会提供哪些培训？

A：刚入职时，公司每天会有一小时左右的培训，由师傅带领实习，经理统一安排。

Q：这个行业存在的困难及前景如何？

A：金属加工行业个人感觉陷入了瓶颈阶段，虽然金属加工是硬需，但是没有关键技术的爆发，这个行业只能不温不火。夹具设计也是硬需，困难在于夹具设计的方便与否主要看个人经验。只要有产品需要制造，就需要夹具。

Q：这个行业是否有季节性或地理位置的限制？具体表现是什么？

A：个人感觉两者对行业没有什么影响。

Q：据您所知，有什么杂志、行业网站或其他渠道能帮助我深入了解这个领域？

A：主要是大型展会，如电子展、自动化展、机械展上参展商的展出及产品介绍。

【性格】

Q：您认为自己的性格适合做这份工作吗？自己的性格对目前的工作有什么影响？

A：适合，首先夹具设计和我在金属厂编程的工作相比没有那么累，而且工作环境也比金属厂好，金属厂那边我们需要去现场，但现场会有气液的味道，非常难闻，还有机床产品的脏污会导致过敏。这边的工作压力没有金属厂大，工作比较轻松。

Q：您认为什么样的性格对做好这份工作来讲是重要的？

A：踏实、认真负责、细心，多部门协作，语言沟通能力好，好学，坚持。

Q：您觉得工作对您的性格有影响吗？工作使您的性格有所改变吗？有什么影响和改变呢？

A：以前的我比较大意，做事只要求差不多，理由也多是"我觉得"，工作后这些都需要改变，做事精确到点，给理由不能说"我觉得"，得给出数据证明这样做是对的，精益求精是常态。

【兴趣】

Q：您喜欢目前的工作吗？请具体说说您喜欢的地方。

A：最喜欢的应该是看着自己设计出来的东西被别人使用，会有成就感。我自己比较喜欢这种类型的工作，与我的兴趣相符合。

Q：这个工作本身有没有让您不满意的地方呢？请具体说说您不喜欢的地方。

A：工作周期有点长，设计完夹具经常要等半个月，夹具才能被加工出来。

Q：您在做这份工作时，哪部分最有挑战性？

A：我现在的工作还没有做久，才接手不到一个月，对我来说挑战性更多是要满足客户的要求。因为有时候你刚刚做完一份设计，客户马上就改了一版，让你重新来一遍。这很考验你的抗压能力和设计水平。

【技能】

Q：您认为做好这份工作应该具备哪些专业知识、技能和经验？

A：知识方面，在学校里学的东西基本都在用。技能方面，主要是3D绘图软件的使用，要多了解现场的一些拼装和配合及工具和产品之间的配合。

Q：在这个职位上，如果想获得成功必须拥有什么能力？

A：坚持不懈，不断追求，精益求精。

Q：目前您还缺乏或需要改进的能力有哪些？计划怎么改善它们？

A：时间管理方面有待改进，现在所在岗位，往往手里有一堆活需要做，事情轻重分不清容易导致处理滞后，总的来说就是时间管理能力有所欠缺。改善计划是给自己做了一个时间表，写上这段时间该做什么并标明重要程度。

【价值观】

Q：您认为对求职成功最有帮助的因素是什么？

A：我觉得要热情向上，要给对方一种我很有热情的感觉，让对方觉得你对这个职位真的有兴趣。

Q：您认为，个人的主要成就是什么？最成功的是什么？

A：我曾经做过三星的一款旗舰机，我参与了三星s10的一段加工管理，还有三星的一款笔记本的外壳几乎都是我全程负责的。这都让我很有成就感，特别是在看到它们上市的时候。

Q：从事这份工作实现了您的人生价值吗？家庭对您现在的工作满意吗？

A：目前还没有，人生价值没那么容易实现。家里人认为工资过低，不太满意。

Q：在您的单位中，在同样一个岗位上，做得好和做得不好的区别体现在哪里？

A：产品不良率，好的能降低到0.05%，甚至保持一段时间的完美良品率，而差的会高于0.2%或更高。

【职业生涯规划管理】

Q：请问您在大学期间对未来职业的选择有过迷茫吗？具体是什么？

A：我之前有过迷茫，大一的时候没什么想法，大二深入学习专业知识后，对职业的选择有了想法，但职业的选择还是主要按照专业走。

Q：参加工作后，您换过工作吗？换工作的原因是什么？每一个岗位有何不同？您选择新工作考虑了哪些因素？

A：我从毕业就来比亚迪工作了，没有换过工作，主要考虑工作地点和薪资。

Q：请问您是怎么规划自己的职业生涯的呢？各个年龄段的具体目标是什么？

A：比如我的第一份工作，肯定要找深圳的，尽量不要在三年之内离职。25岁作为一个提升期，在物质方面希望25岁时能买辆车，在职业方面希望能做专业工程师。

【工作世界探索】

Q：您是如何找到这份工作的？

A：1991年我中专毕业被分配到与三星合资的一家公司，2012年时由于业务萎缩，应聘到另外一家公司（松日集团）做工程总监。2016年转行到比亚迪，谢谢比亚迪的邀请。

Q：您的职位是什么？您的主要职责是什么？

A：SMT产品管理。新产品开发客户技术项

访谈三

校友：龚工

性别：男

毕业年份：1999年

毕业学院：机电学院

所学专业：机电一体化

进入比亚迪年份：2016年

在比亚迪具体职位：电子事业群产品部经理

目接口，负责全面对接客户技术负责人，推进项目工程问题解决方案的确定、分析和改进。

Q：工作地点在哪里？主要工作场所有哪些特征？

A：工作地点在龙岗，场所在车间，车间的特征是24℃恒温，湿度在40%~70%，低噪声，对地面的洁净度也有很高的要求。

Q：在行业内，先从什么样的工作岗位做起，能学到最多知识，最有益于发展？

A：如果是新人的培养，公司会给出培养计划及培养时间，应届生培养一年以上。比亚迪会有意向招聘，给予选择，让他在每个岗位实习半个月到一个月，最后选出自己合适的岗位，最好先去生产部观察两周，工艺差异较大。

Q：行业内，单位对刚进入该领域工作的员工一般会提供哪些培训？

A：技术上有规范性文件进行培训，对公司的企业文化、管理模式要有更多的了解与认同。

Q：这个行业存在的困难及前景如何？

A：设备和材料主要依靠德国、日本、韩国引进，这是本行业的困难。

Q：这个行业是否有季节性或地理位置的限制？具体表现是什么？

A：总的来说，这个行业还算平稳，因为是做手机整体组装的，手机销售会有季节性波动，6—8月需求会低一点，10—12月略低一点，其他月份需求相对较高，地理位置主要集中在北京、上海、西安、广州、深圳、长沙、武汉，其他地区相对较少。不限制、不提倡加班，以完成任务为主。目前加班比较少，多数为自愿。

Q：据您所知，有什么杂志、行业网站或其他渠道能帮助我深入了解这个领域？

A：SMT贴片技术协会，网上相关行业信息很多，桂林电子科技大学也有电子封装技术相关专业。

【性格】

Q：您认为自己的性格适合做这份工作吗？自己的性格对目前的工作有什么影响？

A：自我感觉比较冲动，听得进意见，开朗，诚实，与同事关系融洽，容易交到很多朋友，适合目前的管理和客户维护工作。

Q：您认为什么样的性格对做好这份工作来讲是重要的？

A：开朗、善于沟通。

Q：您觉得工作对您的性格有影响吗？工作使您的性格有所改变吗？有什么影响和改变呢？

A：要有冲劲，有竞争意识和危机意识，脚踏实地，还需要一定的实际操作能力，善于交流、沟通，不懂就问，自己擅长哪些就巩固哪些，自己不擅长哪些就查漏补缺。

【兴趣】

Q：您喜欢目前的工作吗？请具体说说您喜欢的地方。

A：喜欢。一是目前的工作偏重技术，更能发挥自身的优势；二是这个岗位提供给我足够的待遇。

Q：这个工作本身有没有让您不满意的地方？请具体说说您不喜欢的地方。

A：没什么不满意的地方。

Q：您在做这份工作时，哪部分最有挑战性？

A：做管理的要为公司创造经济效益，只有公司盈利了，员工的待遇才会提高。

【技能】

Q：您认为做好这份工作应该具备哪些专业知识、技能和经验？

A：最基本的是机械电气、物理特性，都要有所了解，材料、绘图软件、制表、分析软件也要有所了解。经验是实践积累。

Q：在这个职位上，如果想获得成功必须拥有什么能力？

A：要有一定的技术，能为公司创造价值，需熟悉流程。

Q：目前您还缺乏或需要改进的能力有哪些？计划怎么改善它们？

A：技术上不够全面，管理上沟通较少。

【价值观】

Q：您认为对求职成功最有帮助的因素是什么？

A：要有自信，态度端正，形象要好，能将自己的特点和在学校中获得的奖项及学生干部的经历都描述出来。

Q：您认为，个人的主要成就是什么？最成功的是什么？

A：成家立业，在各个工作岗位上发挥了自己的力量，也得到了别人的尊敬，从传统的加工行业转行到电子行业，现在自我感觉良好。

Q：从事这份工作实现了您的人生价值吗？家庭对您现在的工作满意吗？

A：实现了，还会做得更好。满意，他们很支持我的工作。

Q：在您的单位中，在同样一个岗位上，做得好和做得不好的区别体现在哪里？

A：坚持，有韧性，遵守规则，有一定的规则意识。

【职业生涯规划管理】

Q：请问您在大学期间对未来职业的选择有过迷茫吗？具体是什么？

A：没感觉过迷茫，主要是那时候找工作没有那么大的压力。

Q：参加工作后，您换过工作吗？换工作的原因是什么？每一个岗位有何不同？您选择新工作考虑了哪些因素？

A：参加工作后，我换了三份工作，原因比较复杂，有公司前景、家庭因素、职业发展等。

选择新工作时，我主要考虑家庭、企业文化、兴趣、待遇等因素。

Q：请问您是怎么规划自己的职业生涯的呢？各个年龄段的具体目标是什么？

A：不断地往好的方面去想去做，从正面考虑，实现自身价值，有机会不要放过。年轻的时候多积累一些知识和人脉，中年的时候多关注家庭。

【工作世界探索】

Q：您是如何找到这份工作的？

A：2017年，我通过社会招聘进入比亚迪。当时我从比亚迪一位项目负责人那里了解到比亚迪在招聘，通过这个契机我进入了比亚迪。

> **访谈四**
> 校友：古工
> 性别：男
> 毕业年份：2011年
> 毕业学院：机电工程学院
> 所学专业：楼宇设备与智能化技术
> 进入比亚迪年份：2017年
> 在比亚迪具体职位：轨道交通事业群 高级AFC工程师

Q：您的职位是什么？您的主要职责是什么？

A：我在轨道交通事业群主要负责不同事业部之间机电项目对接和管理。刚进比亚迪的时候，我负责售检票系统，简单来说，乘客在乘坐高铁的时候需要凭火车票或者刷身份证进站，这一套票务系统设备是我刚进比亚迪时从事的工作。目前职位是高级AFC工程师，主要职责是项目策划阶段和技术支持。

Q：工作地点在哪里？主要工作场所有哪些特征？

A：工作地点在深圳，主要工作场所是办公室。特征是周边都是行业人才，新来的同事基本上都是"双一流"高校的毕业生。

Q：在行业内，先从什么样的工作岗位做起，能学到最多知识，最有益于发展？

A：先从自己熟悉的专业和具备的能力做起（含大学专业知识及技术能力、个人业务能力等），主动参与到跨行业、跨工种的学习过程中。

Q：行业内，单位对刚进入该领域工作的员工一般会提供哪些培训？

A：对于刚进公司的员工，公司都会进行相关岗位的培训，以便其快速适应当前工作。

Q：这个行业存在的困难及前景如何？

A：轨道交通行业主要以国有企事业单位为主，民企进入难。在政府的指导和支持下，该行业前景很好，市场很大。

Q：据您所知，有什么杂志、行业网站或其他渠道能帮助我深入了解这个领域？

A：行业杂志、协会（市级、国家级）、行业工种的职称认证体系和信息。

【性格】

Q：您认为自己的性格适合做这份工作吗？自己的性格对目前的工作有什么影响？

A：开始的时候，我感觉自己性格不太适合这份工作。随着年龄的增长，工作状态和方式在改变，性格慢慢变得适应工作了。目前这份工作更适合情商高的人，因为这份工作主要是与人打交道，需要更多的沟通和交流。另外，在事业发展上，不适合的工作方式和方法往往会导致事业停滞不前。

Q：您认为什么样的性格对做好这份工作来讲是重要的？

A：能把同事团结起来、把周边资源调动起来的行为决策就是重要的。

Q：您觉得工作对您的性格有影响吗？工作使您的性格有所改变吗？有什么影响和改变呢？

A：有影响，我的性格在慢慢改变。和优秀的人在一起，思考范围、格局等都会变大，能看懂很多矛盾和冲突点。

【兴趣】

Q：您喜欢目前的工作吗？请具体说说您喜欢的地方。

A：这是一份不错的工作，整体是相对稳定的，在收入方面也不会有太大的浮动。我觉得好的工作能让人实现自身价值，有成就感，为社会做贡献，在社会上获得认可。

Q：这个工作本身有没有让您不满意的地方呢？请具体说说您不喜欢的地方。

A：我觉得，在工作中，不应抱有对工作不满意的情绪。

Q：您在做这份工作时，哪部分最有挑战性？

A：我认为是在高情商方面，需要协调各方面的资源。在工作中会涉及多个专业岗位或者多个事业部，还需要站在对方的立场上考虑彼此的利益。

【技能】

Q：您认为做好这份工作应该具备哪些专业知识、技能和经验？

A：需要了解轨道交通专业的相关知识、相关的建设流程和大致上的工作周期及来龙去脉。在工作方式上要改进提升，要懂得取舍有度。

Q：在这个职位上，如果想获得成功必须拥有什么能力？

A：知识和技能都重要，不同的角度和不同的时间段又不太一样。例如，你要更换目前的工作，专业和学历就是基本门槛。

Q：目前您还缺乏或需要改进的能力有哪些？计划怎么改善它们？

A：有很多需要改进的地方，但是这个年龄段，时间和精力不允许，只能让自己保持持续改进的心态。这一两年，我的具体目标是考取国家注册师（工程行业的）。

【价值观】

Q：您认为对求职成功最有帮助的因素是什么？

A：这个要看阶段（刚毕业、工作2年、工作5年、工作10年）。不过，学历、履历、资源这三个因素永远有效。

Q：您认为，个人的主要成就是什么？最成功的是什么？

A：我感觉目前没有吧！

Q：从事这份工作实现了您的人生价值吗？家庭对您现在的工作满意吗？

A：目前还没有实现，在工作中还是有危机感的。基本来说，家人是满意的，对我的工作没有意见。

Q：在您的单位中，在同样一个岗位上，做得好和做得不好的区别体现在哪里？

A：区别体现在升职加薪的时候。

【职业生涯规划管理】

Q：请问您在大学期间对未来职业的选择有过迷茫吗？具体是什么？

A：没想太多，我个人喜欢安稳，根据专业的发展方向进行就业。

Q：参加工作后，您换过工作吗？换工作的原因是什么？每一个岗位有何不同？您选择新工作考虑了哪些因素？

A：进入比亚迪之前，从2012年开始在另一家公司里负责楼宇智能化管理系统的相关工作。

Q：请问您是怎么规划自己的职业生涯的呢？各个年龄段的具体目标是什么？

A：在完成本职工作的基础上，熟悉相关基础流程，在技术上再提升，一两年后根据现实情况考虑换个岗位，优化自己。

【工作世界探索】

Q：您是如何找到这份工作的？

A：我是通过比亚迪汽车事业群在学校开展的专场宣讲招聘会去了解比亚迪的，并通过校招面试进入了比亚迪。

Q：您的职位是什么？您的主要职责是什么？

A：结构助理工程师。我主要用画图工具对压缩机内部进行简化、处理、建模、仿真，最后做出实物，后期还会参与部分产品测试。

> **访谈五**
> 校友：黄工
> 性别：男
> 毕业年份：2020年
> 毕业学院：汽车与交通学院
> 所学专业：智能交通技术运用
> 进入比亚迪年份：2020年
> 在比亚迪具体职位：汽车事业群结构助理工程师

Q：工作地点在哪里？主要工作场所有哪些特征？

A：主要是在办公室内从事画图设计工作，刚进公司时在生产线待过一段时间去熟悉基层业务。

Q：在行业内，先从什么样的工作岗位做起，能学到最多知识，最有益于发展？

A：当时来公司时就是先去车间参观，了解产品生产的每个步骤，熟悉产品是如何一步一步做出来的。从基础做起，同时还要有自己的思考，从而达到知其然，也知其所以然。

Q：行业内，单位对刚进入该领域工作的员工一般会提供哪些培训？

A：从进入公司开始到现在，一直都在培训。刚进入公司时，培训内容是了解公司的规章制度。现在的培训是要知道产品从开始到完成的过程，要整理相关资料及关于压缩机这方面的专业知识。

Q：这个行业存在的困难及前景如何？

A：在压缩机方面，比亚迪在国内是领头军，在国外也有一定的名声。所以，该行业未来发展前景是很好的。存在的困难主要有三方面：一是各个部件间隙之间的整合；二是装配工艺困难；三是降噪问题。

【性格】

Q：您认为什么样的性格和品质对做好这份工作来讲是重要的？

A：总的来说，对这份工作而言，工作者需要活泼，善于倾听，懂得沟通，要认真、踏实地工作。

Q：您觉得工作对您的性格有影响吗？工作使您的性格有所改变吗？有什么影响和改变呢？

A：工作以来，我的性格变得更加稳重和细致，一方面得益于职场的摸爬滚打，另一方面也得益于我现在的岗位需要。工作使我变得更加细心踏实，同时使我收获了许多职场知识和专业知识。

【兴趣】

Q：您喜欢目前的工作吗？请具体说说您喜欢的地方。

A：目前所处的团队氛围和比亚迪公司的平台是我最喜欢的两个点。

Q：这个工作本身有没有让您不满意的地方呢？请具体说说您不喜欢的地方。

A：某些时候领导决策不够民主、人性化，使得在工作执行过程中不愉快。

Q：您在做这份工作时，哪部分是您最满意的？哪部分最有挑战性？

A：最满意的就是带教的工程师很好，我学到了很多新的知识。学习新的软件很有挑战性，毕竟跨了专业，上手有难度。

【技能】

Q：您认为做好这份工作应该具备哪些知识、技能和经验？

A：要多沟通，要善于倾听别人的建议。对于压缩机的基础知识，要学扎实、吃透。

Q：在这个职位上，如果想获得成功必须拥有什么能力？

A：要谦虚，要时刻保持一颗学习的心，努力学习。

Q：目前您还缺乏或需要改进的能力有哪些？怎么改善它们？

A：目前我的性格比较情绪化、固执，甚至有点浮躁，我会逐渐改善它们。另外，自身学历水平还需要继续提升。

【价值观】

Q：您认为对求职成功最有帮助的因素是什么？

A：自己大学的学习经历和实践经历让我在专业知识和综合能力上有了很大的提高。在校招的过程中,我提前做足了功课,对应聘公司的信息做了提前学习和了解,比如公司的运作模式、业务、发展前景,这样在面试的过程中能够更顺畅地与招聘者沟通交流。

Q:个人的主要成就是什么?最成功的是什么?

A:从最开始做简单的项目,到现在压缩机转量产,都是我一个人全程跟进的。这让我特别有成就感。

Q:从事这份工作实现了您的人生价值吗?家庭对您现在的工作满意吗?

A:工作一年以来我变得更成熟稳重了,没有以前在学校做学生时那么浮躁了。目前,我只是完成了一个小目标。家人希望我有个大目标,也不要偏离这个大目标,规划、梳理好各个小目标,总体而言,家人对我现在的工作还是满意的。

Q:在您的单位中,在同样一个岗位上,做得好和做得不好的区别体现在哪里?

A:勤奋是关键,而且在工作过程中要保持创造性,自己要有创新思维。

【职业生涯规划管理】

Q:请问您在大学期间对未来职业的选择有过迷茫吗?具体是什么?

A:有过的。刚进大学时,对于选社团、部门这些挺迷茫的。大一下学期时,通过与专业老师聊自己的大学规划,我明确了自己的未来规划和学习方向。大二的时候我参加了"互联网+"大学生创新创业大赛,并且获得了广东省的优秀奖,在比赛中我收获并成长了许多。大三时为了提前适应社会,我在奢侈品店做了一段时间的兼职店长助理。

Q:参加工作后,您换过工作吗?换工作的原因是什么?每一个岗位有何不同?您选择新工作考虑了哪些因素?

A:2020年校招进入比亚迪至今,我还没有换过工作,计划在比亚迪长久地工作下去,不断提升自我。

Q:请问您是怎么规划自己的职业生涯的呢?各个年龄段的具体目标是什么?

A:30岁前多积累经验,沉淀自己,明确自己的目标,并且往上靠;40岁前努力实现自己的目标,然后整合资源去创业;40~50岁时主要去养育自己的小孩,培养好下一代,要一代比一代强;50~60岁去享受生活,感受大自然,环游世界。

【工作世界探索】

Q:您是如何找到这份工作的?

A:我是通过社招进入比亚迪的,通过线上招聘App投递的简历,然后进入的比亚迪。

Q:您的职位是什么?您的主要职责是什么?

A:我是IT管理部的数据库工程师,比亚迪的事业部系统数据库都是由我们这个部门进行管理。

访谈六

校友:赖工

性别:女

毕业年份:2019年

毕业学院:计算机学院

所学专业:计算机信息管理

进入比亚迪年份:2020年

在比亚迪具体职位:汽车事业群数据库工程师

Q： 工作地点在哪里？主要工作场所有哪些特征？

A： 我在龙岗的宝龙比亚迪。我在办公室里工作。厂线的工作由进厂人员完成。因为我不是网络工程师，所以并不在机房工作。比亚迪的系统分为几个方面，比如应用域、开发和运维，我属于运维科室里的数据库管理员这个岗位，所有系统里的数据都归我们管，包括其他工业区的数据也是我们进行管理。

Q： 行业内，单位对刚进入该领域工作的员工一般会提供哪些培训？

A： 刚入职的时候有为期三个月的试用期，这个期间就有各种培训，管理人员入职培训包括观看视频、进厂了解等。

Q： 这个行业存在的困难及前景如何？

A： 我岗位使用的是国外的软件，但现在有国产化的趋势，对行业有所冲击。Oracle Database 软件是国外的产品，不过这些年在推行国产化，会逐渐减少对它的使用，但国内企业高并发的业务系统还是使用 Oracle Database 软件居多，毕竟国外的数据库做得还是非常出色的，国产数据库还有很大的提升空间。

Q： 这个行业是否有季节性或地理位置的限制？具体表现是什么？

A： 没有。

Q： 据您所知，有什么杂志、行业网站或其他渠道能帮助我深入了解这个领域？

A： 数据库的相关网站。

【性格】

Q： 您认为自己适合做这份工作吗？

A： 还可以。因为主要是管理系统，所以要细心一点，不要冒进，不要做任何影响厂线的动作。

Q： 您认为什么样的性格和品质对做好这份工作来讲是重要的？

A： 细心应该是最重要的，因为运维岗的权限是最大的，并且要管理这些，如果你一个不小心的操作，系统可能就会出现不可挽回的问题，所以细心是最重要的。

Q： 您觉得工作对您的性格有影响吗？工作使您的性格有所改变吗？有什么影响和改变呢？

A： 我觉得性格不是一朝一夕养成的，原本的性格也很难改变，或者说只能做到轻微改动，不可能大改，所以找到适合自己的工作更重要。

【兴趣】

Q： 您喜欢目前的工作吗？请具体说说您喜欢的地方。

A： 工作比较稳定。因为比亚迪是比较大型的企业，所以抗风险能力强一些。毕竟经历过近几年的疫情，我对此深有体会。

Q： 这个工作本身有没有让您不满意的地方呢？请具体说说您不喜欢的地方。

A： 都还可以。因为个人性格比较随和，所以我觉得都还可以。

Q：您在做这份工作时，哪部分最有挑战性？

A：有时候数据处理会比较急。

【技能】

Q：您认为做好这份工作应该具备哪些知识、技能和经验？

A：首先，要对架构知识和基础知识掌握得深一点，因为这个岗位的重要性比较高。如果你缺乏知识技能，一般是无法入职这个岗位的。其次，就是要小心谨慎，"不求有功，但求无过"是这份工作的要点。

Q：在这个职位上，如果想获得成功必须拥有并保持什么样的能力？

A：主要需要具备两个方面的能力：一是知识要过硬；二是要小心谨慎。

Q：目前您还缺乏或需要改进的能力有哪些？计划怎么改善它们？

A：提高自己的知识架构水平。

【价值观】

Q：您认为对求职成功最有帮助的因素是什么？

A：丰富的实践经历对求职成功帮助比较大。

Q：您认为，个人的主要成就是什么？最成功的是什么？

A：我的工资水平会比其他人偏高一点。

Q：从事这份工作实现了您的人生价值吗？家庭对您现在的工作满意吗？

A：因为家里人是乡下的，他们并不怎么了解IT方面的工作，一般跟他们说用电脑的话会懂得多一点，没有过多和他们描述过我的工作，但他们知道我在这边生活、工作比较安稳就挺好的。

Q：在您的单位中，在同样一个岗位上，做得好和做得不好的区别体现在哪里？

A：因为我们是以厂线的正常运行为主要任务的，所以只要厂线没有问题，那么本职工作算是完成得很好。

【职业生涯规划管理】

Q：请问您在大学期间对未来职业的选择有过迷茫吗？具体是什么？

A：还好。因为我在大学就是学这个的，并且从大二开始也在备考这个专业的技能证书，所以并不会感到迷茫，我的方向比较明确。

Q：参加工作后，您换过工作吗？换工作的原因是什么？每一个岗位有何不同？您选择新工作考虑了哪些因素？

A：没有。

Q：请问您是怎么规划自己的职业生涯的呢？各个年龄段的具体目标是什么？

A：首先，30岁之前争取获得本科学历。在之前大学的三年，我没有考虑过本科学历，但出来工作后，我意识到本科很重要，对于比亚迪一类的上市公司来说，本科决定了工资的起点。然后，打算往管理层方面发展，因为我有一定的技术基础，所以可以尝试往管理层方面发展。

【工作世界探索】

Q：您是如何找到这份工作的？

A：2010年9月，比亚迪来我校进行第一次校企合作，我以实习生的身份进入了比亚迪，经过9个月的实习后，2011年7月20日正式签约比亚迪，工作至今，这是我的第一份工作。

Q：您的职位是什么？您的主要职责是什么？

A：工艺工程师。我主要负责新车型的研发

> **访谈七**
> 校友：刘工
> 性别：男
> 毕业年份：2011年
> 毕业学院：汽车与交通学院
> 所学专业：汽车运用技术
> 进入比亚迪年份：2010年
> 在比亚迪具体职位：汽车事业群工艺工程师

导入和生产、试制实验、生产线员工线上培训，以及新进员工的实操培训等相关工作。

Q：工作地点在哪里？主要的工作场所有什么特征？

A：工作地点在深圳市坪山区比亚迪总部，主要的工作场所是工艺实验室，特征是不允许携带电子设备进入，对保密性要求较高。

Q：在行业内，先从什么样的工作岗位做起，能学到最多知识，最有益于发展？

A：我建议从整车或者车辆零部件的工艺做起，这样可以对从学校学习到的理论知识进行验证，也能明白实际的汽车相关知识，不会只停留在理论知识上，后期不管是做车型开发、零部件研发，还是车辆生产、整车销售，都有直接性的益处，可以做到无缝对接。

Q：行业内，单位对刚进入该领域工作的员工一般会提供哪些培训？

A：如果是学校的应届毕业生，一般会从助理工程师或者实验员做起，进公司时会经过地区级培训、事业部级培训、工厂级培训、部门级培训，了解公司的背景及文化规章制度等。部门培训后会在试用期分配工程师或领班进行传帮带的培训、入职教导，其中包括岗位职责、所负责车型的相关工作、技术要点、注意事项等。

Q：这个行业存在的困难及前景如何？

A：这个行业算是制造业，我所在的汽车产业群主要是生产新能源汽车的。就前景而言，在新能源汽车这一块，比亚迪是比较有优势的。新能源汽车每年的销售量都在持续增长，新能源汽车行业近几年处于高速发展扩张阶段，各大企业纷纷投入新能源汽车市场。就困难而言，在新车型顺利量产前的试量产阶段是我们压力最大的时候，特别是下半年的销售旺季。我建议在比亚迪工作期间可以考虑提升个人学历，这样有利于个人后期的职业规划。

【兴趣】

Q：您喜欢目前的工作吗？请具体说说您喜欢的地方。

A：喜欢。一是平台提供的机会多，工厂和部门领导对我比较信任，会让我接触很多相关的工作及负责一些项目，例如2012年我就单独带一组人完成了一个车型的试制项目，现在我们工厂的新进员工的实操培训体系也是我建立的。二是离家近，我的家人都住在深圳，在这里工作，我不用远离家人。

Q：这个工作本身有没有让您不满意的地方呢？请具体说说您不喜欢的地方。

A：福利待遇有待提高，每年有一半的时间特别忙，赶项目的时候压力较大。

Q：您在做这份工作时，哪部分是您最满意的？哪部分最有挑战性？

A：满意的是能够学以致用，我学的是汽车运用技术，也算是专业对口了。校企合作时，我代表工厂接待了所在学院的院长和老师，2019年还回母校招聘过人员。最有挑战性的是在面对行业技术革新要运用量产时，需要联系厂商，并会遇到突发情况，这是有挑战性的。

【技能】

Q：您认为做好这份工作应该具备哪些知识、技能和经验？

A：扎实的汽车理论知识及一定的实际操作能力。建议在学校的实训室多动手，端正心态，虚心学习，对工作负责任，对自己严格要求。

Q：在这个职位上，如果想要获得成功必须拥有并保持什么样的能力？

A：要懂得完整的整车制造的流程及相关的工艺标准、品质标准，把握好时间节点，按时按量地完成所负责的项目进度，并且记录好相关数据、技术参数，做好保密工作。

Q：目前您还缺乏或需要改进的能力有哪些？怎么改善它们？

A：现在感觉自己的专业知识还是欠缺，所负责的培训知识系统性及专业性还不够，在后续的工作中会进行针对性的学习、培训，参加公司组织的专业课程学习，与行业内优秀的车企相关方面的负责人和专家多交流、多学习，以求尽可能补齐自身短板。

【价值观】

Q：您认为对求职成功最有帮助的因素是什么？

A：我认为是脚踏实地，从低做起。只有放低了姿态，才能把自己的基础打牢，不能只会讲不会做，理论知识要能转化为实际操作能力。不管哪一个岗位，只有用心做下去，才能在这个行业有所作为，不要迷茫，一步一步走下去。

Q：您认为，个人的主要成就是什么？最成功的是什么？

A：个人的主要成就是顺利完成多种车型的试制工作并导入生产，建立了所在的总装工厂的新进员工实操技能培训体系。

Q：从事这份工作实现了您的人生价值吗？家庭对您现在的工作满意吗？

A：我觉得是实现了。家人对我现在的工作相对满意，就是我陪伴家人的时间比较少，以后要想办法做到工作与家庭的平衡。

Q：在您的单位中，在同样一个岗位上，做得好和做得不好的区别体现在哪里？

A：比亚迪有明确的工作任务合约书，考核结果分为胜任与不胜任。在胜任的情况下，如果业绩可以达到厂内排名前三，那就是成功的。

【职业生涯规划管理】

Q：请问您在大学期间对未来职业的选择有过迷茫吗？具体是什么？

A：有过。在进入比亚迪第一年时特别迷茫，还有在2016年经济效益不好、部门面临被合并时也迷茫过。我觉得大多数人刚入职时都会迷茫；2016年的迷茫则是因为自己能力有限，如果自己能力够强，则不用担心找不到好工作。

Q：请问您是怎么规划自己的职业生涯的呢？各个年龄段的目标是什么？

A：20~30岁可以从事一线的工作，35岁前要成为公司的中流砥柱，35~40岁做到部门或工厂乃至公司的管理层。

【工作世界探索】

Q：您是如何找到这份工作的？

A：2019年我看到了比亚迪关于机电方向的网络招聘信息，因为我有电工类的工作经验，所以决定尝试一下，目前已经在比亚迪工作几年了。

Q：您的职位是什么？您的主要职责是什么？

> 访谈八
> 校友：韦工
> 性别：男
> 毕业年份：2015年
> 毕业学院：继续教育与培训学院
> 所学专业：机电一体化技术
> 进入比亚迪年份：2019年
> 在比亚迪具体职位：电子事业群电气助理工程师

A：我的职位是中级电工，我在电子事业群，这个部门主要负责手机类项目，工作内容比较繁杂，主要是布线、设备功率测算、自动化等相关工作。

Q：工作地点在哪里？主要工作场所有哪些特征？

A：工作地点在深圳，工作环境是无尘车间。

Q：在行业内，先从什么样的工作岗位做起，能学到最多知识，最有益于发展？

A：先从基础岗位做起，跟老员工一起做事，认真观察他们做事的细节及心态，取长补短，结合自己的知识，勤于动手。

Q：行业内，单位对刚进入该领域工作的员工一般会提供哪些培训？

A：公司对新人会有基础培训课程，培训的同时也会让有经验的前辈来带领他们学习。因为这个岗位有些操作还是比较危险的，所以在确保员工能够胜任之前都不会让他们独自进行一些专业操作。希望未来能够有进阶的培训来面向我们这些有一定经验的员工。

Q：这个行业存在的困难及前景如何？

A：这个行业存在的困难主要是不够规范，如果做得不规范，就会给别人及后续的维修工作造成困难。这个行业还是有发展前景的，生活中处处离不开电，包括现在的新能源发展，也是与电有密切关联的。

Q：这个行业是否有季节性或地理位置的限制？具体表现是什么？

A：我感觉没有季节性或者地理位置的限制。

Q：据您所知，有什么杂志、行业网站或其他渠道能帮助我深入了解这个领域？

A：有很多相关的网站都可以深入了解。

【性格】

Q：您认为自己的性格适合做这份工作吗？自己的性格对目前的工作有什么影响？

A：我感觉自己的性格挺适合的，这个工作需要性格比较沉稳、细心的人来做，这样能够规避一些不必要的危险。

Q：您认为什么样的性格对做好这份工作来讲是重要的？

A：耐心和细心。

Q：您觉得工作对您的性格有影响吗？工作使您的性格有所改变吗？有什么影响和改变呢？

A：会有影响，工作会使性格有所改变，工作中经常要果断做出判断并去执行，让自己变得沉稳坚毅。

【兴趣】

Q：您喜欢目前的工作吗？请具体说说您喜欢的地方。

A：这份工作对我来说不仅仅是一项需要完成的任务，因为我从小就很喜欢做动手类的事情，所以才会对这个行业产生兴趣，以至于现在选择它作为我的职业。

Q：这个工作本身有没有让您不满意的地方呢？请具体说说您不喜欢的地方。

A：工作比较忙，属于自己的时间比较少，相对而言，进行自我提升比较困难。

Q：您在做这份工作时，哪部分最有挑战性？

A：大概是从无到有吧！我还是很期待挑战的。一个厂房不管是用电量、电气量还是走线都需要自己测算思考。当初刚入职的时候经验不多，而其他的厂房都是做好基础的布置。虽然从无到有很具有挑战性，但也是一个对自己的锻炼。这种锻炼并不局限于厂房，其他设备类的工作也需要大量的构想制作。我喜欢直面挑战，不过目前这种机会比较少，希望以后能有更多的尝试。

【技能】

Q：您认为做好这份工作应该具备哪些专业知识、技能和经验？

A：不管是在深职院还是走入社会，我都一直在积累知识，我认为基础知识还是很有必要的。学校教会了我很多东西，记得以前老师说："经历过学习，如果未来在工作中遇到了问题，可能不能直接获得解决的办法，但会知道如何找方法去解决。"我觉得这句话很有道理，因为在工作中有了积累，能更灵活地处理问题。

Q：在这个职位上，如果想获得成功必须拥有什么能力？

A：一是丰富的知识及技能；二是持续学习的心态；三是协调各方的能力，能果断处理异常问题。

Q：目前您还缺乏或需要改进的能力有哪些？计划怎么改善它们？

A：我觉得是深度的知识，因为我做的是偏向于技术类的工作，有时候也需要对外进行沟通，所以希望公司能够安排一些关于沟通交流的培训，这样不仅能提高我们对外沟通的能力，还能更好地处理团队间的关系，减少一些由沟通不顺畅造成的麻烦。我有进一步提升学历的想法，之前也考取了工作相关证书，未来希望自己能够接受更多的培训。

【价值观】

Q：您认为对求职成功最有帮助的因素是什么？

A：我觉得自己之所以能够进入比亚迪，是因为当初我应聘的是技术类的工作岗位，面试官在问了我一些技术类问题之后，对我的能力有了一定的了解。正因为自己有一定的技术方面的经验，所以才能顺利地进入比亚迪。

Q：您认为，个人的主要成就是什么？最成功的是什么？

A：没有什么特别大的成就，只能说自己产生了很大的改变。因为有一个很好的团队，大家合作默契，氛围融洽，让工作也变得很顺利。

Q：从事这份工作实现了您的人生价值吗？家庭对您现在的工作满意吗？

A：在比亚迪，我感受到了浓厚的企业文化，领导与同事之间的相处氛围非常融洽，团队的目标十分明确，这让我在奋斗的时候更有激情。进入比亚迪之后，我更敢做敢想了，以前认为自己没有能力完成的事情，因为有了领导和同事的支持和鼓励，而做出了新的尝试。我的家庭很和睦，家人都非常支持我的工作。

Q：在您的单位中，在同样一个岗位上，做得好和做得不好的区别体现在哪里？

A：区别在对知识的了解深度及工艺美观方面。

【职业生涯规划管理】

Q：请问您在大学期间对未来职业的选择有过迷茫吗？具体是什么？

A：没有。不管在进入深职院之前还是现在，我都很喜欢这个行业，没有出现过特别迷茫的情况。

Q：参加工作后，您换过工作吗？换工作的原因是什么？每一个岗位有何不同？您选择新工作考虑了哪些因素？

A：换过工作，一方面是薪资，另一方面是想进一步学习，了解更多知识。每一个岗位都是这个行业中细分出来的一部分，有的注重机器维修，有的是做线路。职业规划更多的是考虑自身发展前景及能否从中学习到东西。

Q：请问您是怎么规划自己的职业生涯的呢？各个年龄段的具体目标是什么？

A：短期目标是更多地了解自动化和设计方面的知识，希望进一步提升自己。放眼未来，我也许会成为一名讲师，希望能把自己的经验和故事分享给别人。如果可以，我希望能够进入学校教书育人，让大家更了解我目前做的这个工作是什么样的。

【工作世界探索】

> 访谈九
> 校友：谢工
> 性别：男
> 毕业年份：2010 年
> 毕业学院：机电工程学院
> 所学专业：机电一体化技术
> 进入比亚迪年份：2018 年
> 在比亚迪具体职位：汽车事业群配电连接系统工程师

Q：您是如何找到这份工作的？

A：在进入比亚迪之前，我换过三份工作。我是在网上投递简历，通过社招进入比亚迪的。从学校毕业到目前已工作十几年，曾在深圳市沃特玛有限公司和另外几家公司工作过，积累了相关行业的工作经验。跳槽的契机主要是当时企业的发展遇到了问题，通过投递简历，最后被比亚迪以社招的方式录取。

Q：您的职位是什么？您的主要职责是什么？

A：配电连接系统工程师。我主要负责产品研发，如高压配电盒选型、霍尔传感器等。

Q：工作地点在哪里？主要工作场所有哪些特征？

A：工作地点在深圳市坪山区。我在办公室里工作，环境是繁忙而有序的。

Q：在行业内，先从什么样的工作岗位做起，能学到最多知识，最有益于发展？

A：先从一名技术员开始，进入有技术含量的团队中工作，做一名技术员，在其中负责产品设计和相关的绘图工作，将自己所学到的知识转换成技能。同时，要有正确的工作态度，主动学习新知识的能力，从基础做起，一步一步成长。

Q：行业内，单位对刚进入该领域工作的员工一般会提供哪些培训？

A：对于校招来的应届毕业生，一般会先通过岗前培训，一是学习企业文化有助于他们了解这个企业，培训"认真度"；二是系统学习安全知识和基础办公软件；三是思想观念的培训，帮助新人快速适应从学校到社会的角色转换。在转正之后，还会有相关基础知识的培训，公司会根据他们的兴趣爱好进行相关专业的考试来选择岗位。需要注意的是，如果考试没通过会重考或换岗，考试的通过率较高。无论校招还是社招，都要进行相关培训，考试合格后才能从事相关岗位的工作。

Q：这个行业存在的困难及前景如何？

A：目前新能源汽车行业是个很有发展前景的朝阳产业，国家和地方都有相关的政策扶持，该产业能够提供大量的就业岗位。同时，这个行业也遇到了一些发展瓶颈。第一，蓄电池的续航能力的技术局限，在行业内处于领先地位的刀片电池（磷酸铁锂电池）能量密度也不够高。第二，产业受制于国际大环境的压力，比如龙头企业特斯拉的商业竞争。

Q：这个行业是否有季节性或地理位置的限制？是否需要经常出差和加班？

A：汽车行业存在"金九银十"的说法。地理位置倒还好，北方天气寒冷，对新能源车是个大的考验。加班是很正常的（自愿），出差是看工作需要。

Q：据您所知，有什么杂志、行业网站或其他渠道能帮助我深入了解这个领域？

A：新能源汽车新闻、能源工程杂志等。

【性格】

Q：您认为自己适合做这份工作吗？自己的性格对目前的工作有什么影响？

A：很适合。我从事研发行业有八年左右的时间，研发分为预研和商业研发，感觉自己很适合目前的工作，很喜欢目前的工作。

Q：您认为什么样的性格对做好这份工作来讲是重要的？

A：首先，要有沉稳的性格和较高的情商，在遇到问题时能有很多解决问题的想法，想法越多就能提出更多的解决方案；其次，在工作上要细心并具有扎实的基础知识。

Q：您觉得工作对您的性格有影响吗？工作使您的性格有所改变吗？有什么影响和改变呢？

A：有影响，社会会让人改变很多。经历的事情多了之后就懂得如何为人处世，性格也会发生改变。

【兴趣】

Q：这个工作有什么你喜欢的地方？请具体说说您喜欢的地方。

A：一是实现了自身价值，体现在成就感，为社会贡献价值，被认可感油然而生；二是充实的生活，每天在忙碌中度过，可以保持良好的心态，而且收入比较高。

Q：这个工作本身有没有让您不满意的地方呢？请具体说说您不喜欢的地方。

A：这个工作要花很多时间和精力，没有很多时间陪伴家人，还是很辛苦的。

Q：您在做这份工作时，哪部分最有挑战性？

A：有挑战的部分是将产品研发成功并获得领导和客户的认可，一次性满足顾客的各种需求。在做工程师期间，顾客总是临时改变需求，更换新的方案会消耗比预期更多的时间。

【技能】

Q：您认为做好这份工作应该具备哪些知识、技能和经验？

A：最基本的是精通专业知识，此外还要了解汽车等相关领域的知识，包括大学期间的电力学知识和中学期间的基础知识。只有掌握了软硬件的相关知识才能做高级系统工程师，在掌握技术的同时还要有出色的管理能力。

Q：在这个职位上，如果想获得成功必须拥有并保持什么样的能力？

A：技术拔尖，在工作态度上要积极向上、主动，热爱学习，学习更多相关专业知识。同时，还要有意识地培养自己的管理能力。

Q：目前您还缺乏或需要改进的能力有哪些？计划怎么改善它们？

A：管理能力。多读书，多向别人学习，在沟通交流中成长。

【价值观】

Q： 您认为对求职成功最有帮助的因素是什么？

A： 扎实的技术支持和良好的心态，在过去的工作中慢慢积累，有上进心，能持之以恒地做适合自己的工作。

Q： 您认为，个人的主要成就是什么？最成功的是什么？

A： 之前有机会带领团队参与深圳沃特玛电子有限公司铜陵分厂的建设；现在工作稳定，在比亚迪作为一名工程师参与三次项目，其中在燃油加热器项目中参与团队研发，并取得优异成绩。

Q： 从事这份工作实现了您的人生价值吗？家庭对您现在的工作满意吗？

A： 个人觉得是实现了。家庭对我现在的工作很满意，就是我陪伴家人的时间少了一点，但其他的都挺好。其实，工作在哪个岗位都没有好坏之分，要看适不适合自己，收入也不是唯一的衡量标准。

Q： 在您的单位中，在同样一个岗位上，做得好和做得不好的区别体现在哪里？

A： 主要看工作的完成度，有没有能力去完成这份工作。成功体现在顺利完成工作，并在工作期间申请多项专利和发表多篇期刊论文。

【职业生涯规划管理】

Q： 请问您在大学期间对未来职业的选择有过迷茫吗？具体是什么？

A： 有过。2010年毕业，在大学期间选择工作时会感到迷茫，刚开始在某科技公司实习，更多是干一些与工作无关的杂活，不利于自身发展；后来从事设计工程师，做配电柜的设计；再后来做了水上乐园的电路设计和相关产品的研发。在这段成长经历中，我懂得了在不同的年龄阶段的奋斗目标。

Q： 参加工作后，您换过工作吗？换工作的原因是什么？每一个岗位有何不同？您选择新工作考虑了哪些因素？

A： 换过三次，这是我的第四份工作。换工作的原因主要是当时企业的发展遇到了问题。都是技术类工作，只是研发的产品不一样，涉及的知识面不同。我主要考虑自己能否快速适应新环境、公司的发展情景及薪资待遇等。

Q： 请问您是怎么规划自己的职业生涯的呢？各个年龄段的具体目标是什么？

A： 20~30岁这段时间，主要以学习为主，学习行业内的相关知识；30~40岁这段时间，主要是确保稳定，无论事业还是生活；40~50岁这段时间，根据情况争取做到公司的管理层，如果遇到事业瓶颈可以选择创业。

【工作世界探索】

Q：您是如何找到这份工作的？

A：我是通过校招进入比亚迪软件测试部的。

Q：工作地点在哪里？主要工作场所有哪些特征？

A：工作地点是深圳坪山比亚迪，主要工作场所在厂房办公室，特征是大多数时间都是穿工作服使用电脑工作，办公桌旁还有各种与汽车相关的测试板和台架。

> **访谈十**
> 校友：张工
> 性别：男
> 毕业年份：2020年
> 毕业学院：汽车与交通学院
> 所学专业：汽车电子技术
> 进入比亚迪年份：2020年
> 在比亚迪具体职位：汽车事业群测试工程师

Q：在行业内，先从什么样的工作岗位做起，能学到最多知识，最有益于发展？

A：首先要有一定的基础，刚来比亚迪要多看它的测试，就是先确定需要什么然后要怎么做。看产品的功能是否正常，重要的是要学会看。

Q：行业内，单位对刚进入该领域工作的员工一般会提供哪些培训？

A：比亚迪会先提供一些资料让我学习，接着自己对一些旧的车型进行功能性测试，然后有不懂的地方就去问同事，只要多问就能尽快适应这份工作。

Q：这个行业存在的困难及前景如何？

A：我的工作属于测试方面的，现在做的功能测试可以说是测试里面最基础也是最简单的。测试的方法有很多种，最大的困难就是必须从简单的功能测试变为我们现在的自动化测试，还有一些基于代码的测试（白盒测试），我觉得最重要的就是要在工作中提升自己。黑盒测试则是要更多地研究代码存在的问题，还要掌握一些高效、有效的测试方法。

Q：这个行业是否有季节性或地理位置的限制？具体表现是什么？

A：汽车软件研发测试会受地理位置的限制，感觉回到我的老家汕头可能会失业。

Q：据您所知，有什么杂志、行业网站或其他渠道能帮助我深入了解这个领域？

A：CSDN、哔哩哔哩（bilibili）、经纬恒润、dSPACE等。

【性格】

Q：您认为自己的性格适合做这份工作吗？自己的性格对目前的工作有什么影响？

A：测试是一件很枯燥的工作，因为很多时候测试不同的东西感觉也没什么变化，特别是做那种简单的功能测试。如果以后都是做这种测试，我感觉我是不适合的，现在我也在尝试挑战高难度的工作。

Q：您认为什么样的性格对做好这份工作来讲是重要的？

A：首先要细心，然后就是能适应得了一份重复性很强的工作，最后就是要有强烈的好奇心。有时候做测试会发现一些平时没有测出来的问题，因为那些代码很多是移植过来的，所以需要强烈的好奇心去探索和发现问题所在。

Q： 您觉得工作对您的性格有影响吗？工作使您的性格有所改变吗？有什么影响和改变呢？

A： 肯定有影响。我觉得来比亚迪几年后也许能提高到工程师那个级别，现在感觉比亚迪对学历要求还是挺严格的，因此我觉得提升自己的学历会比较有帮助。

【兴趣】

Q： 您喜欢目前的工作吗？请具体说说您喜欢的地方。

A： 要说让人有成就感的，就是我在做测试的时候发现了别人没发现的问题。

Q： 这个工作本身有没有让您不满意的地方呢？请具体说说您不喜欢的地方。

A： 一般来说，大家在工作中或多或少都有不满意的地方，我也有不满意的地方。因为我做的工作比较基础、简单，所以工资就低了点。实际上干了都快九个月了，工资也没涨过，感觉挺不开心的。另外，因为做的内容很简单，感觉没什么技术含量。

Q： 您在做这份工作时，哪部分最有挑战性？

A： 我的工作是找软件中有没有bug（缺陷），最有挑战性的是你能找到bug并知道怎么解决这个bug。这个其实很难，基本上很难达到，一般就是要找到bug，然后与软件工程师确认解决。

【技能】

Q： 您认为做好这份工作应该具备哪些专业知识、技能和经验？

A： 最起码要知道网络，我们在学校也简单地学过网络是怎么通信的；再就是要对功能定义比较熟悉；最好要会开车，因为我做的是关于车的软件测试。

Q： 在这个职位上，如果想获得成功必须拥有什么能力？

A： 要有自己的测试方法，学会使用一些大部分人都不能轻易学会的测试工具，如自动化测试和自动化测试搭建的测试序列及编写测试。

Q： 目前您还缺乏或需要改进的能力有哪些？计划怎么改善它们？

A： 我要改进的能力其实有很多。我觉得自己还不够努力，有很多测试知道有问题但是不知道哪里出了问题，这些都是需要改善的地方。

【价值观】

Q： 您认为对求职成功最有帮助的因素是什么？

A： 我觉得首先得看你的学历和学校，深职院在大专中还是不错的，用人单位看到你是深职院的，也会比较有印象，会优先考虑；其次就是能力，我觉得你要自己勇于尝试，大学期间最好能参加一些不同的比赛，校招的时候你就可以尝试那些比较有挑战性的工作。

Q： 您认为，个人的主要成就是什么？最成功的是什么？

A： 感觉对自己以后要做什么好像更清晰了，坚定了自己以后要奋斗努力的方向。

Q：从事这份工作实现了您的人生价值吗？家庭对您现在的工作满意吗？

A：对工资其实不是很满意，对工作内容也不是很满意，因为我暂时负责的工作内容技术性不是很强，工作强度算是比较小的。

Q：在您的单位中，在同样一个岗位上，做得好和做得不好的区别体现在哪里？

A：这主要看领导的评价。

【职业生涯规划管理】

Q：请问您在大学期间对未来职业的选择有过迷茫吗？具体是什么？

A：说实话，大二的时候还不会很迷茫，到了大三，由于对工作内容之类的不了解，就会挺迷茫的。之前我有想过做单片机开发，但现在我就确定做测试了，后面专升本考试通过的话可能就要转软件开发了。

Q：参加工作后，您换过工作吗？换工作的原因是什么？每一个岗位有何不同？您选择新工作考虑了哪些因素？

A：暂未考虑换工作。

Q：请问您是怎么规划自己的职业生涯的呢？各个年龄段的具体目标是什么？

A：我计划今年或者明年考专升本，有空就学习。专升本成功后读两年，我就25岁左右了，再找一份单片机或者嵌入式的工作。30岁之前在老家那边买房。

【工作世界探索】

Q：您是如何找到这份工作的？

A：2016年在网上投递简历，通过社招进入比亚迪。

Q：您的职位是什么？主要职责是什么？

A：销售总监。我主要负责管控业务进度、清单进度、交车进度、潜在顾客线索及其转化率。

Q：在行业内，先从什么样的工作岗位做起，能学到最多知识，最有益于发展？

> **访谈十一**
>
> 校友：章总监
> 性别：男
> 毕业年份：2012年
> 毕业学院：汽车与交通学院
> 所学专业：汽车技术服务与营销
> 进入比亚迪年份：2016年
> 在比亚迪具体职位：汽车事业群销售总监

A：建议从后勤支持做起，慢慢进入前端。实习时要从底层做起，熟悉业务流程、汽车的产品知识、办理保险的流程、上牌流程，记忆核心卖点，掌握各类车型的相关知识，了解透后找到亮点并推荐给潜在客户，为后续成交打好基础。由后端积累慢慢进入前端，先理解运作模式、竞争点、客户群体，在其后的工作生涯中就会事半功倍。

Q：行业内，单位对刚进入该领域工作的员工一般会提供哪些培训？

A：如果是通过校招进来的应届毕业生，一般会从助理做起，分配成熟的销售人员一对一指导。先从流程开始学习，边了解公司内部的业务流程，边记忆产品知识，包括各个品牌、各个车型的技术亮点、卖点及与其他产品的区别、优劣势，每周都会有专业模块化的培训，一次一个车型。向老销售学习洽谈沟通谈判技巧，耳濡目染。产品知识方面，公司会安排一个专门的内训师负责员工培训，如有新的车型上市，都是先由内训师去厂里接受统一培训，再到店端给销售培训。

Q：这个行业存在的困难及前景如何？

A：严格意义上来说，这个行业也是服务行业，前景要看各个品牌的竞争力。如果品牌萎靡，可能前景也不太好。现在新能源汽车每年的销售量都在持续增长，处于高速发展扩张阶段。就困难而言，销售的收入并不十分稳定，要调整好心态。如果下半年在行业高峰时没有全身心投入到工作中，没有跟上同期的销售业绩，那么等到上半年，尤其是过完年之后，又得重新熬，这种压力要学会自我调节。

Q：工作地点在哪里？主要工作场所有哪些特征？

A：工作地点在深圳会展中心，即城市展厅。在比亚迪4S店上班的工作环境是比较好的，因为要给客户展示车辆，工作环境一般都是写字楼大堂的标准。

【性格】

Q：您认为自己适合做这份工作吗？

A：很适合，目前没有找到比这份工作更适合自己的其他工作了。

Q：您认为什么样的性格和品质对做好这份工作来讲是重要的？

A：有良好的自律性，善于与人打交道，喜欢学习车辆的产品知识，对接待客户保持热情。销售要有良好的业绩产出，必须有良好的工作节奏，这就是自律性。每个销售顾问都会分相同数量的线索，有些顾客急于购车，销售顾问可能跟进一两天就会签单，因此第一个月往往体现不出来。但两三个月后，对于当时那些不急着购车的线索，如果销售没有良好的自律性就不会一直跟踪下去，不会按照公司的节奏进行跟踪和回访，从而导致这些资源流失。

Q：请问您支持"找适合自己性格的工作"与"为了找更好的工作而适当改变性格"这两种观点中哪一种？为什么？

A：支持第一种。个人认为改变性格是很难的，但也不是说内向型的性格就不适合做销售。同事中有些是很内向、慢热型的人，他们往往不主动去说第一句话，不会去发传单或拉客户，但对于自己到店的客户会表现得比较善谈，有些内向的同事也做得很好。

【兴趣】

Q：这个工作有什么您喜欢的地方？请说两个最喜欢的。

A：喜欢的地方一是自我提升，每季度都有学习机会去厂里接受技术培训；二是薪水，这份工作只要自律并善于与人打交道，保持良好的心态，收入通常比较高。

Q：这个工作有什么您不喜欢的地方？为什么？

A：这个工作要花很多时间和精力，手机要一直保持开机状态，一旦电话进来就要开始工作。节假日有团购或者车展，要提前制定活动方案，并且要将信息传递给客户，打电话邀约等，还是很辛苦的。

Q： 您在做这份工作时，哪部分是您最满意的？哪部分最有挑战性？

A： 之前做销售时我会对业绩有追求，现在做销售总监，是带团队，要自负盈亏，将年盈利额分摊到每个月，感觉压力很大，要给团队带来收益。

【技能】

Q： 您认为做好这份工作应该具备哪些知识、技能和经验？

A： 最基本的是善于沟通，要能听得出客户的需求，对公司能满足客户需求的东西要灵活处理。通过有效沟通找到客户的疑虑点，并与公司进行协调，适当地使用公司资源来满足客户需求。通过沟通，了解客户来店的主要目的，甄别出客户目前处于哪个阶段、大概什么时候要用车。当客户把他的真实状态、购车需求都表述给你时，那么这个沟通就是成功的。

Q： 在这个职位上，如果想获得成功必须拥有并保持什么样的能力？

A： 要解决客户疑虑，解决成交过程中的小插曲，能协调好公司与客户之间的关系。通过有效沟通把两边都协调好，维护客户，把每个成交的老客户都变成自己的朋友，让老客户带新客户，切忌"一锤子买卖"。

Q： 目前您还缺乏或需要改进的能力有哪些？计划怎么改善它们？

A： 目前团队运转没有预期的效果，管理方式、管理规范不够细致，责任不够明晰，还在摸索中。看能不能把KPI（关键绩效指标）细则设置得更明晰，及时、高效地解决问题。

【价值观】

Q： 您认为对求职成功最有帮助的因素是什么？

A： 心态好，有上进心，能持之以恒地做适合自己的工作，不要三天热度就打退堂鼓，这样在哪个行业都做不长久。从2012年7月毕业到现在我一直在汽车这个行业，本身对汽车也是很感兴趣的，从事这个行业后也很喜欢这种工作模式，就坚持下来了。但身边很多人做了一两年后感觉太累，想找其他更轻松的工作，换个行业做了一两年又感觉不太适合自己，再回到汽车行业，这就要重新开始了，很浪费自己的时间和精力。

Q： 您认为，工作以后人生观、世界观、价值观有什么转变？

A： 还是有很多转变的。工作第一年会对工资高低比较敏感，等到常态化、成家立业之后，变化就一年比一年大。现在不觉得工作是负担，而是自己在给自己做事，给自己打拼事业，抱着这种心态在职场工作。等哪天开始觉得工作不是为别人而做，而是为自己而做，这种心态转变过来后，就不会太计较工作内容，只会觉得这是自己分内的事情，这就是上班的意义所在。现在处理工作上的事情不会带有排斥心理，以前会感觉自己已经很累了，又进来一批客户，还要去接待，会有增加了自己工作量的感觉；但是一两年之后，等心态调整过来，就会觉得又有了新的资源，这是一件值得开心的事情。

Q： 个人的主要成就是什么？最成功的是什么？

A： 现在工作算稳定，自己最大的欣慰就是能在深圳买房，给家人提供一个落脚的地方，能给他们提供好一点的生活水平。工作方面，能得到公司的信任，负责一个店面的运营,也算是一点小成就。

Q:从事这份工作实现了您的人生价值吗?家庭对您现在的工作满意吗?

A:个人觉得是实现了的。家庭对我现在的工作很满意,就是陪伴家人的时间少了一点,但其他的都挺好。其实,工作在哪个岗位都是没有好坏之分的,要看适不适合自己。收入也不是唯一的衡量标准,做销售的收入不会比做管理的少,但做销售服务的是客户,做管理服务的是团队中的每个成员。个人能得到这么多同事的认可,能自己带团队,还是比较开心的。

Q:在您的单位中,能够把在同样一个岗位上成功和不成功区别开来的行为是什么?

A:以结果为导向。一般来说,你为公司创造了多少收益,公司同样会给多少资金供你运转。一年后,你带给公司的回报是什么,是盈利还是亏损;有业绩才有话语权,如果业绩不好,其他方面的效果也不会很明显。

【职业生涯规划管理】

Q:请问您对职业的选择有过迷茫吗?

A:有过,这与个人年龄和所处阶段有关。如果店铺效益萎靡,公司也不会再投入资金到店铺中,那么就会面临撤店和店面到期的尴尬。如果公司要放弃这家门店,个人是没有办法的,所以要提前规划自己的人生。我之前经历过两次换岗,之所以来比亚迪也是不想再经历类似的事情。当然,在比亚迪的压力很大,效益不好的店也会被直接撤掉。所以,迷茫会一直有,但要调整好心态,提前做准备,自己能力够的话,公司即使撤店也会有其他的岗位可以选择。

Q:如果理想职业和现实职业相冲突,您会怎么做?

A:选择回归"现实",做适应社会发展的工作。

Q:请问您是怎么规划自己的职业生涯的呢?各个年龄段的具体目标是什么?

A:20~25岁这段时间,我刚踏入汽车销售行业,当时的目标就是保证自己的汽车销售知识、业务能力不比同龄人差,争取在同龄人中处于领先地位,让公司看到自己是可以重点培养的;25~30岁这段时间,争取成为公司的中流砥柱,业务水平排公司前三,能得到公司的认可,对标同行业、同职位、同年龄段的人,争取做到优秀;30~40岁,往管理层发展,努力带好一支团队;40~50岁,争取自己入股,帮助公司开拓新市场,重新组建团队,拓展新业务;50~60岁,平稳发展,维持已有业务。

参考文献

[1] 姚裕群,刘家珉.职业生涯规划与发展[M].3版.北京:首都经济贸易大学出版社,2009.
[2] 石莉.当代大学生职业兴趣研究[D].苏州:苏州大学,2004:4.
[3] 张厚粲,冯伯麟,袁坤.我国中学生职业兴趣的特点与测验编制[J].心理学报,2004,36(1):89-95.
[4] 刘长江,郝芳.职业兴趣的结构:理论与研究[J].心理科学进展,2003,11(4):457-463.
[5] 沈洁.霍兰德职业兴趣理论及其应用述评[J].职业教育研究,2010(7):9-10.
[6] 董一霏.高职院校辅导员职业能力提升研究[D].西安:西安科技大学,2019:3-9.
[7] 董朝宗.大学生就业能力的自我培养[J].教育探索,2010(10):141-143.
[8] 袁贵仁.价值观的理论与实践[M].北京:北京师范大学出版社,2013.
[9] SPRANGER E,BONNSTETTER B J,BONNSTETTER R J,et al. Types of men:the psychology and ethics of personality[M]. Minneapolis:Target Training International,Ltd.,2013.
[10] MASLOW A H. A theory of human motivation[M]. Connecticut:Martino Fine Books,2013.
[11] 熊萍.职业生涯规划[M].北京:清华大学出版社,2014:104.
[12] 国家职业分类大典修订工作委员会.中华人民共和国职业分类大典[M].北京:中国劳动社会保障出版社,2015.
[13] 万金城,赵阳子.立德树人筑梦成才:大学生职业生涯规划[M].北京:知识产权出版社有限责任公司,2019.
[14] 余文玉,钱芳.我的未来我做主:大学生职业生涯规划[M].上海:上海交通大学出版社,2020.
[15] 郝志阔,林梅.烹饪专业职业素养与职业生涯规划[M].北京:中国质检出版社,2018.
[16] 袁国,谢永川.高职大学生职业生涯规划实用教程[M].北京:北京理工大学出版社,2017.